ANKHA HAUCKE

SOFORTHILFE FÜR DIE PAAR- BEZIEHUNG

Die häufigsten Probleme und wie man mit ihnen umgeht

V&R **SELF**

Bibliografische Information der Deutschen Nationalbibliothek:
Die Deutsche Nationalbibliothek verzeichnet diese Publikation in der
Deutschen Nationalbibliografie; detaillierte bibliografische Daten sind im
Internet über http://dnb.de abrufbar.

© 2022 Vandenhoeck & Ruprecht, Theaterstraße 13, D-37073 Göttingen,
ein Imprint der Brill-Gruppe
(Koninklijke Brill NV, Leiden, Niederlande; Brill USA Inc., Boston MA,
USA; Brill Asia Pte Ltd, Singapore; Brill Deutschland GmbH, Paderborn,
Deutschland; Brill Österreich GmbH, Wien, Österreich)
Koninklijke Brill NV umfasst die Imprints Brill, Brill Nijhoff, Brill Hotei,
Brill Schöningh, Brill Fink, Brill mentis, Vandenhoeck & Ruprecht, Böhlau,
V&R unipress.

Innengestaltung nach einem Entwurf von Hagen Verleger, Berlin
Umschlaggestaltung: Buchgut, Berlin, nach einem Entwurf von
Hagen Verleger
Satz: SchwabScantechnik, Göttingen
Druck: BELTZ Grafische Betriebe GmbH, Bad Langensalza
Printed in the EU

Vandenhoeck & Ruprecht Verlage | www.vandenhoeck-ruprecht-verlage.com

ISSN 2750-6568
ISBN 978-3-525-46284-3

Inhaltsverzeichnis

Einleitung

In einer Paarbeziehung zu leben ist ein Abenteuer. Es gibt Zeiten, in denen Partner:innen sich innig miteinander verbunden fühlen und einander guttun. In solchen Phasen stärken sie sich gegenseitig und gehen auf die Bedürfnisse des beziehungsweise der jeweils anderen gern und in achtsamer Weise ein. Aber es gibt in jeder Liebesbeziehung unvermeidlich auch Zeiten, in denen die Partner:innen sich als fremd und die Beziehung als belastend erleben. Dann erscheint es mühsam, einander zu erreichen, Konflikte zu bewältigen und liebevoll miteinander umzugehen.

Ergeht es Ihnen gerade so? Ich kann Sie beruhigen: Das ist normal und muss nicht zwangsläufig zu einer Trennung führen. In meiner Arbeit als Paartherapeutin begegne ich tagtäglich Menschen, die ihre Paarbeziehung als stressig empfinden und infrage stellen und denen es gelingt, wieder Freude aneinander zu entwickeln. Also nur weil es gerade in Ihrer Paarbeziehung nicht gut läuft, bedeutet das nicht, dass sich das nicht wieder zum Besseren wendet. Was Sie dafür tun können? Zunächst einmal ist es hilfreich, geduldig und aufmerksam zu beobachten, wo der aktuelle Knackpunkt in Ihrer Liebesbeziehung liegen könnte.

Zum Beispiel können eine Vernachlässigung der Partnerschaft und Belastungen, die von außen einwirken, Paare ins Schleudern bringen. Die Corona-Pandemie ist etwa eine solche Belastung, auf die wir keinen Einfluss haben. Bestimmt rücken viele Paare in pandemischen Zeiten zusammen und besinnen sich auf das Wesentliche, um diese Situation zu meistern. Bei vielen Paaren dürften grundsätzliche Themen aber liegen bleiben. Es gibt deutliche Hinweise darauf, dass in vielen Familien während der Lockdown-Phasen der Pandemie die häusliche Atmosphäre sehr angespannt war. Belastungen wie Arbeitslosigkeit, Erkrankungen, Todesfälle in der Familie, die Verantwortung für Kinder oder andere Veränderungen können ebenfalls dazu führen, dass zwei Menschen, die einander einst angehimmelt haben, zunehmend die Freude aneinander verlieren.

Wie ist das bei Ihnen? Vielleicht hat sich eine Vernachlässigung der Partnerschaft eingeschlichen, vielleicht stehen Sie vor besonderen Herausforderungen, die Ihre Liebesbeziehung belasten.

Wenn zwischen meinem Mann und mir dicke Luft herrscht, fühle ich mich unverstanden, allein, verloren, bedrückt oder wütend, kurz: furchtbar. Kaum etwas beeinträchtigt unser Lebensgefühl so sehr wie eine lieblose Paarbeziehung. Sollten Sie, liebe Leserin, lieber Leser, an einem solchen Punkt stehen, an dem Sie Ihre Liebesbeziehung als strapaziert wahrnehmen, kann dieses Buch Sie dabei unterstützen, einen anderen Wind in Ihre Paarbeziehung zu bringen. Denn die gute Nachricht lautet, dass wir das Miteinander in unserer Partnerschaft oft aktiv beeinflussen können. Es ist absolut möglich, in langjährigen Beziehungen immer wieder Phasen zu erleben, die der Verliebtheitsphase ähneln. Und es gelingt häufig, außergewöhnliche Herausforderungen gemeinsam zu bewältigen.

Im Laufe meiner Ehe habe ich unzählige Male die Erfahrung gemacht, dass es in meiner Hand liegt, mich in der Kommunikation mit meinem Mann mehr oder weniger liebevoll zu verhalten. Ab und an bin ich in der Versuchung, mich emotional zurückzuziehen oder ihm Vorwürfe zu machen, sobald ich einmal unzufrieden bin. Und, um ehrlich zu sein, das tue ich auch hin und wieder mal, obwohl ich inzwischen sehr genau weiß, dass ich die Situation damit nur verschlimmere. Häufig fühlt es sich sehr naheliegend an, die uns am nächsten stehende Person zu beschuldigen oder zu resignieren, wenn uns unsere Lebenssituation nicht gefällt. Stattdessen sollten wir lieber überlegen, was wir selbst zur Verbesserung unserer Lage tun können. Fangen wir bei uns an.

Die Einsicht, dass wir unsere Partner:innen nicht ändern können, sondern nur uns selbst, ist leicht gesagt und schwer umgesetzt. Gleichzeitig habe ich im Verlauf meiner Ehe und meiner jahrelangen therapeutischen Arbeit mit Paaren aber die Erfahrung gemacht, dass es sehr lohnend sein kann, das Naheliegende nicht und stattdessen etwas anderes zu tun. Etwa vermag das Betreten neuer Wege in der Kommunikation mit unseren Partner:innen die Qualität der Begegnung miteinander deutlich zu verbessern. Dafür müssen wir auf gewohnte Kommunikationsmuster verzichten und mit neuen experimentieren. Und das ist spannend! Ich hoffe, bei Ihnen eine spielerische Neugierde auf die Möglichkeit zu wecken, die eigenen Gedanken und Gefühle zu beobachten, sich bewusst etwas anders zu verhalten als sonst und zu schauen, was das bewirkt. Hierzu möchte ich Sie mit diesem Buch einladen.

Paarbeziehungen sind wie eine Wippe: Die Haltungen der Partner:innen bedingen einander. Die Partnerin eines Mannes, der z. B. kaum still sitzen kann, sehr viel sportliche und andere körperliche Betätigungen braucht, wird geradezu zwangsläufig dazu neigen, ausgleichend zu wirken, indem sie entschleunigt, sich Zeit nimmt, die Dinge geruhsam angeht. Die Gefahr dieses

Mechanismus liegt darin, dass das Paar einander noch mehr in die Extreme treibt. Der Mann könnte noch hektischer werden, wenn die Langsamkeit seiner Frau ihn nervös macht. Und die Frau könnte noch mehr bremsen, um von seiner Nervosität nicht angesteckt zu werden.

In meiner Praxis arbeite ich mit Einzelpersonen und Paaren, die in ihrer Liebesbeziehung unglücklich sind. Meistens empfindet eine:r der Partner:innen mehr Leidensdruck und drängt auf Veränderung, während die andere Person davor zurückschreckt. Oft hat das Paar dann das Gefühl, in einer Sackgasse zu stecken, aus der es weder vor noch zurück geht. Das wird als sehr frustrierend erlebt und hat regelmäßig damit zu tun, dass beide Partner:innen von der jeweils anderen Person erwarten, sich zu ändern.

Das Bild der Wippe enthält aber auch die frohe Botschaft: Wenn eine:r der Partner:innen sich bewegt, bewegt sich die andere Person automatisch mit. Das heißt: Sobald Sie, lieber Leser, liebe Leserin, an dem Hebel ansetzen, den Sie in der Hand haben, nämlich Ihrer eigenen Haltung, Ihren Bewertungen, Ihrem Verhalten, kann sich auch in Ihrem Gefühlsleben und damit in Ihrer Beziehung zu Ihrem/Ihrer Partner:in etwas bewegen.

Um auf das obige Beispiel zurückzukommen: Im Falle, dass sich die Frau bewusst machen würde, dass sie manchmal z. B. trödelt und zu spät kommt aus dem Bedürfnis heraus, das hohe Aktivitätsniveau ihres Mannes auszugleichen, könnte sie vielleicht zu einem Tempo kommen, das ihr selbst entspricht. Wenn sie dabei aktiver würde, würde ihr Mann sich möglicherweise entspannen und einen Gang runterschalten, da er nicht mehr dafür sorgen müsste, dass sie Termine einhält und Dinge rechtzeitig erledigt. Genauso könnte umgekehrt der Mann den ersten Schritt tun, sich zurücknehmen, weniger Hektik verbreiten und seiner Frau vertrauen, dass sie ihren Aufgaben in ihrem Tempo gerecht werden wird. So könnten beide mal aktiv und mal entspannt sein, was vermutlich für beide auf lange Sicht zuträglicher ist und in ihrer Beziehung zu mehr Flexibilität und Mit- statt Gegeneinander führen dürfte.

Und Flexibilität anstelle von festen Rollenverteilungen tut Liebesbeziehungen gut. Denn als Individuen entwickeln wir uns fortwährend weiter. Und dabei geraten wir zwangsläufig immer wieder einmal in leichtere oder schwerere Krisen. Das ist menschlich und kein Zeichen von Schwäche, im Gegenteil. Einer meiner Professoren im Psychologiestudium hat es so ausgedrückt: Man muss leiden können, um etwas verändern zu können. Und ich ergänze: Man muss auch leiden können, um lieben zu können. Doch dazu später mehr.

Vielleicht sind Sie, da Sie dieses Buch in der Hand haben, momentan diejenige Person in Ihrer Liebesbeziehung, die es aktuell mehr drängt, etwas zu verändern. Möglicherweise sind Sie beide sich aber auch einig darin, Ihrer Liebesbeziehung neue Anstöße geben zu wollen. In jedem Fall finden Sie in diesem Buch Vorschläge für Perspektivenwechsel und Verhaltensänderungen, die Sie allein, aber auch gemeinsam ausprobieren können, um Ihre Beziehungswippe in Bewegung zu bringen.

Wir können zwar nicht permanent liebevoll sein, denn die menschliche Gefühlswelt ist wie das Wetter:

wechselhaft. Weshalb es uns Menschen unmöglich ist, dauerhaft in einer angenehmen Gefühlslage zu sein. Was uns aber möglich ist, ist öfter einen liebevolleren Wind in unsere Paarbeziehung zu bringen. Wie Sie das schaffen, zeige ich Ihnen.

Die Anliegen, die ich in meiner über zwanzigjährigen Erfahrung als Paartherapeutin am häufigsten von Paaren höre, bilden die Themen der einzelnen Kapitel dieses Buches. Die Kapitel bauen nicht aufeinander auf, sondern stehen jeweils für sich. Sie können also bei jenem Kapitel anfangen, das Ihrem momentan wichtigsten Anliegen im Hinblick auf Ihre Liebesbeziehung am meisten entspricht. Wahrscheinlich werden mehrere Themen für Sie passen, und Sie können beim Lesen Ihrem jeweils aktuellen Bedürfnis folgen.

Mit konkreten Beispielen aus meiner Arbeit mit Paaren hoffe ich, das jeweilige Thema anschaulich und alltagsnah zu vermitteln und dass Sie sich darin wiederfinden. Selbstverständlich habe ich die Praxisfälle so anonymisiert, dass konkrete Personen nicht erkannt werden können. Sollte Ihnen ein Paar oder eine Person also bekannt vorkommen, ist das reiner Zufall beziehungsweise liegt daran, dass wir alle Menschen und einander ähnlich sind.

Beim Stichwort »Bedürfnis« sind wir schon bei einem wichtigen Aspekt von Liebesbeziehungen: Wir erhoffen uns, dass unser Bindungsbedürfnis in ihnen erfüllt wird. Wir sehnen uns nach Verbundenheit und Intimität mit unseren Partner:innen. Und gleichzeitig haben wir ein Bedürfnis nach Autonomie, wollen für uns stehen, unseren Interessen nachgehen und gut für uns selbst sorgen. Wo zwei Individuen zusammenleben, sind Interessenkonflikte daher vorprogrammiert.

Es kann in einer Paarbeziehung also nicht darum gehen, immer in Harmonie miteinander zu leben und keine Konflikte zu haben. Deshalb werden Sie in diesem Buch auch Vorschläge zur Veränderung der Kommunikation in Ihrer Partnerschaft finden mit dem Ziel, dass Sie Konflikte öfter als Türöffner erleben und nicht als etwas, das es unbedingt zu vermeiden gilt. Man sagt:»Reibung erzeugt Wärme.« In diesem Sinne möchte ich Sie dazu ermutigen, in Krisen und Konflikten die Chance zu erkennen, mit Ihrem Partner oder Ihrer Partnerin in eine konstruktive Auseinandersetzung über etwas zu gehen, das für Sie beide offenbar wichtig ist, und dabei sich selbst und einander ein bisschen mehr oder anders kennenzulernen.

Die hier vorgestellten Strategien haben sich in meiner Arbeit bewährt. Sie befähigen Menschen dazu, in ihrer Partnerschaft sowohl ihrem Bindungsbedürfnis gerecht zu werden, indem sie empathischer aufeinander eingehen, als auch dem Autonomiebedürfnis, indem Sie üben, zugleich bei sich zu bleiben beziehungsweise sich selbst und ihre eigenen Anliegen nicht aufzugeben.

Die Polarität von Bindungs- und Autonomiebedürfnis bringt es mit sich, dass es in einer lebendigen Liebesbeziehung zusehends auch darum geht, zwischen den beiden Polen hin- und herzuschwingen und seelisch in Bewegung zu bleiben. Das ist immer wieder herausfordernd, verlangt uns Flexibilität ab und braucht Zeit. Nehmen Sie sich Zeit bei der Lektüre dieses Buches, um die Fragen und Vorschläge wirken und reifen zu lassen und die Wirkung bewusst zu beobachten. Bewusstheit bedeutet Freiheit. Im Rahmen einer Liebesbeziehung bedeutet Bewusstheit die Freiheit, entscheiden zu können, wie Sie das, was passiert, bewerten und wie Sie darauf reagieren wollen.

In diesem Sinne wünsche ich Ihnen gleichermaßen Mut und Geduld in Ihrem Abenteuer Paarbeziehung!

KAPITEL EINS

ICH MÖCHTE (WIEDER) VERTRAUEN KÖNNEN

»Ich würde meiner Frau gerne wieder vertrauen können. Ich kann immer noch nicht fassen, dass sie das getan hat. Ich hätte nie gedacht, dass sie diese Grenze überschreiten würde. Ich komme mir vor wie im falschen Film. Wie soll ich ihr bloß je wieder vertrauen können? Woher weiß ich, dass sie das nicht wieder macht?«

Mit ähnlichen Worten beginnen viele Erstgespräche in meiner Praxis. Die Ehefrau dieses Mannes hatte einige Wochen lang sexuelle Kontakte zu einem gemeinsamen Bekannten. Gehen Ihnen ähnliche Sätze durch den Kopf? Fragen Sie sich auch, wie Sie es schaffen sollen, wieder Vertrauen in Ihrer Partnerschaft zu fassen? Oder geht es Ihnen eher so, dass Sie Bestätigung und Wertschätzung vermissen?

»Manchmal frage ich mich, ob du mich überhaupt auf dem Schirm hast. Du hast mir schon lange nicht mehr von dir aus im Haushalt geholfen. Nichts machst du freiwillig. Geschweige denn, dass du mir mal ein Kompliment machen oder eine Aufmerksamkeit mitbringen würdest. Ich frage mich, ob ich dir nichts mehr bedeute.«

Diese Frau vermisst konkrete Taten, die ihr signalisieren, dass ihr Mann an sie denkt und ihre Bedürfnisse im Blick hat.

Wenn Sie die Sehnsucht haben, Ihrem Partner/ Ihrer Partnerin (wieder) mehr zu vertrauen, hat er/sie vermutlich etwas getan, was Sie zutiefst verunsichert und traurig macht. Es wird viele kleinere schmerzhafte Verletzungen, vielleicht auch einen schwerwiegenden Vertrauensbruch gegeben haben.

In einer Liebesbeziehung hoffen wir, Wertschätzung und Rücksichtnahme auf unsere Bedürfnisse zu erleben. Wir gehen davon aus, dass wir uns auf diesen Menschen, dem wir einen besonderen Stellenwert in unserem Leben eingeräumt haben, dem wir möglicherweise sogar in einer feierlichen Zeremonie unser Jawort gegeben haben, unser Bestes will und entsprechend handelt. Insofern dieser Mensch einmalig in massiver oder wiederholt in unauffälliger Weise diese Erwartung enttäuscht, empfinden wir das als Vertrauensbruch.

Es gibt viele Verhaltensweisen, die in Liebesbeziehungen als mehr oder weniger schwerwiegende Vertrauensbrüche erlebt werden können. Wann immer z. B. Verabredungen oder Versprechungen nicht eingehalten werden, Bloßstellungen gegenüber Dritten stattfinden, weitreichende Entscheidungen nicht abgesprochen werden, ist das sehr verunsichernd. Vor allem falls solche oder ähnliche Dinge wiederholt vorkommen, wissen wir nicht mehr, ob wir uns auf die andere Person verlassen können, das heißt, ob wir davon ausgehen können, dass sie in unserem Sinne handelt.

Ein Vertrauensbruch ist ein Verhalten, das wir als Nichteinhaltung einer Vereinbarung bewerten. In Liebesbeziehungen werden zwar selten ausdrücklich Vereinbarungen darüber getroffen, welche Verhaltensweisen akzeptiert werden und welche nicht. Meistens haben wir aber etliche unausgesprochene Erwartungen an den Partner oder die Partnerin, die wir als selbstverständlich erachten.

Wenn Ihr Vertrauen in Ihrer Liebesbeziehung beeinträchtigt ist, haben Sie vermutlich das Bedürfnis, sich zu schützen. Vielleicht sprechen Sie viele Gedanken nicht aus und sind anderen Menschen gegenüber offener als im Kontakt mit Ihrem Partner oder Ihrer Partnerin. Vielleicht sind Sie mit ihm beziehungsweise ihr momentan vorsichtig und versuchen so, weitere Verletzungen zu vermeiden. Das ist verständlich und sinnvoll, denn Sie fühlen sich nicht sicher. Solche Situationen kommen in allen Liebesbeziehungen vor. Sie werden diesen Zustand für Ihre Paarbeziehung als belastend erleben, weil er keine wirkliche Intimität zulässt.

Was bedeutet Intimität eigentlich genau?

Sowie zwei Menschen sich einander so zeigen, wie sie wirklich sind, nichts verstecken oder vortäuschen, sind sie intim miteinander. Menschen können körperlich intim sein, indem sie sich körperlich nackt zeigen und ihre sexuellen Wünsche zum Ausdruck bringen und sich hingeben. Emotionale oder geistige Intimität bedeutet, seine Gedanken und Gefühle rückhaltlos zu teilen. Intimität ist nichts für Feiglinge, denn wir müssen immer damit rechnen, dass der anderen Person nicht gefällt, was wir offenbaren. Das schmerzt besonders in den Momenten, in denen wir unsere eigenen Befürchtungen, zurückgestoßen zu werden, beiseite gedrängt und uns mutig ein Herz gefasst haben und uns unverstellt so zeigen, wie wir sind – statt uns gemäß den vermuteten Erwartungen anderer zu inszenieren.

Sowie zwei Menschen körperliche und geistige Intimität ausschließlich miteinander und mit niemand anderem leben, wird das als Treue bezeichnet. Häufig wird in einer Paarbeziehung nicht darüber gesprochen, wo genau die Grenze in der Intimität zu anderen Menschen gezogen wird. Wird unsere persönliche Grenze aber verletzt, spüren wir schmerzhaft deutlich, was Treue für uns bedeutet und was wir darunter verstehen. Für die meisten Menschen ist es selbstverständlich, dass geistige und körperliche Intimität ausschließlich innerhalb der Partnerschaft gelebt werden soll. Aber wo beginnt Intimität? Für manche Menschen ist z. B. ein »Büzje« im Karneval, also ein Kuss, kein Problem. Für andere ist das ein Trennungsgrund. Die Grenzen bezüglich Treue sind individuell, weshalb es sehr sinnvoll ist, in einer Partnerschaft offen über sie zu sprechen. Denn Untreue wird von vielen Menschen als enorm verunsichernd erlebt. Sie gilt als die schlimmste Form von Vertrauensbruch und zieht vielen regelrecht den »Teppich unter den Füßen weg«. Menschen, die erfahren, dass ihr:e Partner:in fremdgegangen ist, können oft tage- oder gar wochenlang nahezu nicht schlafen, grübeln viel, haben den Drang, die andere Person zu kontrollieren sowie auszufragen, und können eine Zeit lang kaum arbeiten und anderen Tätigkeiten nachgehen, die ihnen normalerweise Freude bereiten.

Warum bin ich nach einem Vertrauensbruch so erschüttert?

Als soziale Wesen sind wir Menschen fundamental auf die Unterstützung anderer Menschen angewiesen. Allein könnten wir nicht existieren. Menschliche Neugeborene sind extrem hilflos und von der schützenden Fürsorge ihrer Eltern abhängig. Und selbst größere

Kinder bedürfen jahrelang der Hilfe der Eltern und anderer Erwachsener. Unsere Sehnsucht nach vertrauensvollen zwischenmenschlichen Beziehungen ist also zutiefst menschlich und existenziell für unser Wohlbefinden. Es ist wissenschaftlich erwiesen, dass eine sichere Bindung, das heißt eine zuverlässige Beziehung zu den wichtigsten Bezugspersonen, sich förderlich auf die Entwicklung des Kindes auswirkt. Ohne eine sichere Bindung haben Kinder Angst und müssen sich darauf konzentrieren, selbst für Sicherheit zu sorgen, und sind nicht frei, die Welt zu erkunden, zu lernen und ihre Potenziale zu entfalten. Und inzwischen lässt sich belegen, dass es auch Erwachsenen psychisch besser geht, wenn sie in sicheren, vertrauensvollen Beziehungen leben.

Im Erwachsenenalter erhoffen sich die meisten Menschen, in ihrer Liebesbeziehung ein ähnlich vertrauensvolles Verhältnis zu finden, wie sie es in der Kindheit zu ihren Eltern hatten oder sich gewünscht hätten. Die innige Liebe zwischen fürsorglichen Eltern und ihren Kindern ist ein Ideal für die innige Nähe, die zwischen den Partner:innen entstehen kann.

Obwohl wir als Erwachsene für uns selbst sorgen können, sehnen wir uns danach, im Rahmen unserer Liebesbeziehung etwas Ähnliches zu erleben wie bei den Eltern: so, wie wir sind, akzeptiert zu werden und uns auf Zuwendung und Unterstützung verlassen zu können. Damit verbunden ist der meist unausgesprochene Anspruch auf Exklusivität, das heißt, dass der/ die Partner:in diese Art von Beziehung nur zu mir und keinem anderen erwachsenen Menschen pflegt.

Wenn man bedenkt, wie sehr wir als Kinder auf die unbedingte Zuverlässigkeit unserer Eltern und als Erwachsene auf bestätigende Beziehungen angewiesen sind, verwundert es nicht, dass es vielen Menschen geradezu den Boden unter den Füßen wegzieht, wann immer sie daran zweifeln, dass sie die Nummer eins des Menschen sind, den sie lieben.

Sollten Sie momentan traurig sein, viel grübeln, wenig Appetit haben oder schlecht schlafen, ist das nach einem Vertrauensbruch in Ihrer Partnerschaft sehr verständlich.

Was kann ich nun tun?

Kleinere Verletzungen beruhen in Liebesbeziehungen mitunter auf der Annahme, dass Liebende einander wortlos verstehen. Dass die eine Person eines Liebespaares intuitiv weiß, was die andere denkt, will, hofft, erwartet, wünscht und braucht, ist die Vorstellung eines romantischen Liebesideals, das sich in der westlichen Welt seit dem 19. Jahrhundert in Literatur und Kultur verbreitet hat und bis heute zum vorherrschenden Mythos geworden ist. Hollywoodfilme, Groschenromane und Popsongs erzählen davon, dass das Happy End nah ist, sobald wir nur unseren Mr. und unsere Mrs. Right finden. Die richtige Person, den Deckel zu unserem Topf, erkennen wir daran, dass wir uns nicht erklären müssen, denn sie erkennt uns und alle unsere Bedürfnisse durch ihren liebenden Blick auf uns – so das Ideal. Die Wirklichkeit sieht anders aus, das wissen wir, und doch kommt uns dieses vertrackt-unrealistische Liebesideal, das uns allerorts präsentiert wird, mitunter dazwischen, nistet sich in unseren Kopf ein und bewirkt, dass wir an unseren Partner oder unsere

Partnerin unmenschliche, weil unerfüllbare, Erwartungen stellen. Diese führen etwa dazu, enttäuscht und verletzt zu sein, falls wir aussprechen müssen, was wir wünschen und wollen, weil es die andere Person eben *nicht* intuitiv weiß. Ist das in Ihrer Beziehung möglicherweise der Fall? Vielleicht haben Sie bestimmte Bedürfnisse nicht so deutlich zum Ausdruck gebracht, dass Ihrer Partnerin/Ihrem Partner klar ist, wie sehr deren Nichtbeantwortung Ihnen wehtut.

»Manchmal kommt es mir so vor, als wolltest du einen Wunsch äußern, aber du redest so drum herum, das bleibt so nebulös für mich. Dann gebe ich irgendwann auf«, sagt ein junger Mann zu seiner Frau. Ihr treten Tränen in die Augen, als sie erwidert:»Ich weiß oft selbst nicht so richtig, was ich will, oder ich denke, dass ich kein Recht habe, es zu sagen. Dann hoffe ich, dass du es einfach weißt.«

Nehmen Sie Ihre eigenen Bedürfnisse ernst genug und äußern Sie diese auch? Oder erwarten Sie von der anderen Person, dass sie sie ahnt? Diese Hoffnung wäre nachvollziehbar, weil wir alle vom romantischen Liebesideal geprägt sind, ist aber leider unrealistisch. Warum? Die Welt ist zu komplex und mit ihr jeder einzelne Mensch. Es gibt einfach zu viele Möglichkeiten und Dinge, die auf jedes Individuum mit seinen Erfahrungen einwirken, um exakt zu wissen, was sich davon wie auf jemanden auswirkt. Erschwerend kommt hinzu, dass wir manchmal selbst nicht wissen, was wir wollen, und gleichzeitig von unserer Partnerin oder unserem Partner erhoffen, diese/dieser solle unsere diffuse Undifferenziertheit richtig deuten und entsprechend auf uns eingehen. Seien wir mal ehrlich: Das ist unfair.

Schauen Sie deshalb zunächst, was Sie selbst für sich tun können. Im Falle, dass es Ihnen gerade schwerfällt, Ihrem Partner oder Ihrer Partnerin zu vertrauen, wird es Ihnen momentan wahrscheinlich guttun, sich etwas unabhängiger zu fühlen. Wenn Sie als Nächstes bei Gelegenheit Ihre Enttäuschung und Ihre Bedürfnisse in Ihrer Partnerschaft deutlich zum Ausdruck bringen, kann er oder sie sich entscheiden, darauf einzugehen oder nicht.

Sollte Ihr Vertrauen aktuell stark erschüttert sein, stellen Sie Ihre Beziehung unter Umständen grundsätzlich infrage, und das ist noch belastender. Daher ist es jetzt wichtig, dass Sie möglichst gut für sich sorgen. Richten Sie Ihren Fokus nicht auf die andere Person und auf das, was diese möglicherweise alles falsch macht, sondern versuchen Sie, sich etwas weniger mit Ihrem Partner/Ihrer Partnerin zu beschäftigen und stattdessen zu überlegen, wie Sie sich selbst etwas Gutes tun können. Das muss nichts Großes sein. Was wäre ein leicht machbarer Schritt? Stellen Sie sich vor, ein guter Freund wäre in Ihrer Situation und Sie würden ihn unterstützen wollen – wie würden Sie das machen? Seien Sie sich selbst ein guter Freund. Sie könnten sich einen Blumenstrauß kaufen, ein Bad nehmen oder einen schönen Film streamen – was auch immer Ihnen eine kleine Freude macht. Mit einer solchen Selbstfürsorge konzentrieren Sie sich nicht länger auf die Probleme in Ihrer Liebesbeziehung, starren also nicht länger auf den Vertrauensbruch Ihrer Partnerin/Ihres Partners wie das sprichwörtliche Kaninchen auf die Schlange, sondern ziehen Ihre Aufmerksamkeit davon ab, um sie auf sich selbst zu richten.

Alles, was Sie für sich tun, tut auch Ihrer Partnerschaft gut. Dadurch dass Sie sich selbst um Ihre Bedürfnisse kümmern, weicht der entsprechende Erwartungsdruck von Ihrem Partner oder Ihrer Partnerin und auch von Ihrer Vorstellung, was eine Liebesbeziehung zu leisten hat. Ein geminderter Druck erzeugt neue Freiheiten, Freiheiten, zuzuhören, sich zu verändern, wegzugehen, etwas anders zu machen etc. Indem Sie möglichst gut für sich selbst sorgen, schaffen Sie eine gute Grundlage für konstruktive Gespräche mit Ihrer Partnerin/Ihrem Partner. Und das ist wichtig. Denn nun geht es darum, zu verstehen, wie es zu dem Vertrauensbruch gekommen ist.

Warum verletzt mein:e Partner:in mich?

Auch wenn Sie sich das im Moment vielleicht schwer vorstellen können: Wahrscheinlich wollte Ihr:e Partner:in Ihnen nicht wehtun. Meistens verletzen wir andere Menschen ungewollt, weil wir seelisch in Not sind und infolgedessen unbedacht handeln. Oder wir nehmen in Kauf, jemanden zu verletzen, da wir uns gerade nicht anders zu helfen wissen, soweit wir selbst leiden und uns hilflos fühlen. Dennoch: Das rechtfertigt in keiner Weise rücksichtsloses, gemeines oder gar gewalttätiges Verhalten, und es entbebt niemanden der Verantwortung für eigene verletzende Taten.

Solange Sie aber die Hoffnung haben, dass sich das Miteinander in Ihrer Partnerschaft verbessern lässt, ist es hilfreich, zu verstehen, was in der anderen Person vorgegangen ist, als sie Sie gekränkt, betrogen oder in Ihren Bedürfnissen nicht gesehen hat. Um das erfragen zu können, müssen Sie das Thema, Ihre eigene Betroffenheit, ansprechen.

Wie spreche ich meine Verletzungen an?

Bevor Sie sich auf Gespräche über diese für Sie schmerzlichen Ereignisse einlassen, ist es sinnvoll, dafür zu sorgen, dass Sie möglichst stabil sind, damit Sie selbst weniger dazu neigen, aus Ihrer Not heraus ebenfalls verletzend zu agieren. Indem Sie auf sich und Ihre emotionale Verfassung schauen, verringern Sie also die Wahrscheinlichkeit, dass es in Ihrer Partnerschaft zu neuen Verletzungen kommt, die die Situation weiter verschlechtern würden.

Was hilft Ihnen, unabhängig von Ihrer Partnerschaft, sich seelisch ausgeglichen zu fühlen und besonnen zu handeln? Mir helfen insbesondere Gartenarbeit, Yoga und Achtsamkeitsübungen. Vielleicht bringen Sie sich eher durch Sport oder kreative Hobbys in ein seelisches Gleichgewicht, aus dem heraus Sie Ihre langfristigen Ziele gut verfolgen können, statt in gewohnten Kommunikationsmustern zu verbleiben. Großzügigkeit und Gelassenheit sind sehr viel einfacher in solchen Momenten zu leben, in denen wir ausgeglichen sind und in uns ruhen. Dies ist die beste emotionale Ausgangslage, ein herausforderndes Beziehungsgespräch anzugehen.

Nachdem Sie sich Ihrer ausbalancierten Verfassung gewiss sind, teilen Sie Ihrem Partner/Ihrer Partnerin nun mit, was Sie in Ihrer Beziehung beobachten, was Sie beschäftigt. Bleiben Sie dabei möglichst konkret, schildern Sie tatsächliche Ereignisse. Deuten Sie das

Verhalten der/des anderen nicht, beschreiben Sie nur, was Sie wahrnehmen beziehungsweise erleben. Achten Sie darauf, dass Sie dabei von sich sprechen statt über Ihre:n Partner:in.

»Als du mich deinen Kolleginnen und Kollegen neulich in der Kneipe vorgestellt hast, hast du die Worte benutzt: ›Und das ist meine Mitbewohnerin Meike.‹ Das hat mich verletzt. Wir sind ein Liebespaar, und wenn du mich so vorstellst, habe ich den Eindruck, dass du nicht zu mir stehst. Bei dem Gedanken werde ich ganz traurig.«

Schildern Sie dann, was die jeweilige Situation bei Ihnen auslöst. Beschreiben Sie Ihre Gefühle in der Ich-Form. Vermutlich werden Sie versucht sein, stattdessen Ihre:n Partner:in zu kritisieren. Für viele Menschen ist deshalb die sogenannte VW-Regel hilfreich: statt *Vorwürfen Wünsche* formulieren. Diese Regel ist allerdings nur sinnvoll, sofern Sie sie mit der entsprechenden Haltung verknüpfen: Sie stehen zu Ihrer Verletzlichkeit, statt sich emotional zu verhärten. Das ist zentral und schwierig zugleich.

Um das obige Beispiel noch einmal aufzugreifen, könnte Meike z. B. sagen: »Ich wünsche mir sehr, dass wir als Paar auftreten, und würde gern von dir hören, wie du dazu stehst.«

Zu Ihrer Verletzlichkeit zu stehen bedeutet nicht, dass Sie die andere Person für Ihre Gefühle verantwortlich machen. Sie bringen Ihre Gefühle zum Ausdruck, um selbst gut für sich zu sorgen. Zugegeben: Es ist eine hohe Kunst, bei uns selbst und zugleich bei der anderen Person zu bleiben, solange wir uns verletzt fühlen. Aber es ist viel gewonnen, wenn es uns gelingt, uns manchmal diesem Ideal anzunähern.

Wohin mit meiner Wut?

So verständlich es wäre, falls Sie momentan dazu neigen, zurückzuschlagen und Ihre:n Partner:in zu kritisieren, wäre ein solches Verhalten nicht in Ihrem Sinne. Denn Sie möchten ja Vertrauen auf- und nicht abbauen. Trotzdem ist es wichtig, dass Sie Ihre Wut, die sicher immer wieder einmal aufkommt, ernst nehmen und akzeptieren. Sie ist ein wichtiger positiver Selbstbehauptungsimpuls. Leiten Sie die Energie, die in der Wut steckt, in selbstfürsorgliche Aktivitäten wie Sport, Gärtnern, Spaziergänge.

Eine Frau erzählte mir einmal, sie sei voller Wut gewesen. Sie habe ein Küchenmesser genommen und damit ein Beet im Garten angelegt. Das dauerte mehrere Tage, und als es fertig war, empfand sie keine Wut mehr. Ich wette, dass das ein fruchtbares Beet geworden ist! Mir tut auch Fahrradfahren gut, wenn ich sauer bin. Während ich in die Pedale trete, stelle ich mir so manches vor. In der Fantasie dürfen wir ja alles!

Gefühle, die wir in den Keller schicken, machen dort Muskeltraining. Sooft Sie Ihren Ärger nicht zum Ausdruck bringen, wird er sich wahrscheinlich intensivieren und in negativer Form wie psychosomatischen Beschwerden (etwa Magenschmerzen) oder verletzendem Verhalten gegenüber Ihrem Partner/Ihrer Partnerin äußern. Damit würden neue Verletzungen passieren, bei Ihnen oder der anderen Person. Das gilt es möglichst zu vermeiden.

Die in Ihrer Erregung enthaltene Botschaft an Ihre:n Partner:in lautet wahrscheinlich in etwa: Du hast mich verletzt, das nehme ich dir übel, ich will so nicht behandelt werden, hör auf damit, ich will, dass so etwas nie wieder vorkommt!

Wenn Sie spüren, dass Sie wütend sind, horchen Sie in sich hinein, wie Sie der anderen Person dieses Gefühl als Ich-Aussage mitteilen können. Es ist wichtig, dass diese Botschaft gehört wird. Vielleicht möchten Sie etwas sagen wie: »Ich bin so wütend auf dich, dass ich schreien könnte! Und gleichzeitig könnte ich heulen! Wie konntest du das nur tun?« Sprechen Sie dabei von sich, wie es für Sie stimmig ist. Falls Ihnen danach ist, etwas lauter zu werden, ist das in Ordnung. Es ist nur wichtig, dass Sie Ihr:e Partner:in dabei nicht herabsetzen, beleidigen oder so laut werden, dass Sie als bedrohlich erlebt werden. Drücken Sie sich aus, ohne verletzend zu werden, sodass das Gegenüber spürt, wie sehr sein Verhalten Ihnen wehgetan hat.

Wir empfinden Wut, wenn wir uns gekränkt, gedemütigt oder ohnmächtig fühlen. Wut dient dazu, Kraft zur Selbstverteidigung zu mobilisieren und unserem Gegenüber zu signalisieren, dass mit uns nicht zu spaßen ist. Das Problem ist, dass in einer Liebesbeziehung ein Teufelskreis entstehen kann, in dem die Partner:innen sich gegenseitig hochschaukeln, sofern nicht eine:r von beiden zu dem Gefühl steht, das hinter der Wut steht: Traurigkeit. Sooft wir wütend auf unsere:n Liebespartner:in sind, sind wir zuallererst einmal traurig darüber, dass er/sie unser Bedürfnis nach Sicherheit und Empathie nicht erfüllt hat.

Wie ist das bei Ihnen? Sind Sie bereit, das, was hinter der Wut versteckt ist, zu zeigen? Das bedeutet auch, eigene Schwäche und Abhängigkeit von der anderen Person einzugestehen. Es wäre verständlich, sollten

Sie Angst davor haben, gerade in einem solchen Moment der Selbstoffenbarung wieder verletzt zu werden. Sich schwach zu zeigen könnte aber ein Tor zu einer empathischeren Kommunikation innerhalb Ihrer Liebesbeziehung sein. Indem Sie sich verletzlich zeigen, geben Sie der anderen Person eine Gelegenheit, einfühlsam auf Sie zu reagieren. Sie riskieren dabei allerdings, dass er beziehungsweise sie das nicht tut, und Sie anschließend mit einer weiteren Kränkung zurückbleiben. Dieses Risiko gilt es abzuwägen, aber: Wer nicht wagt, der nicht gewinnt.

Wie komme ich in eine ehrliche Kommunikation?

Ein weiteres Tor zu einer besseren Kommunikation besteht darin, zu signalisieren, dass Sie verstehen wollen, wie es dazu gekommen ist, dass Ihr:e Partner:in sich Ihnen gegenüber verletzend verhalten hat. Das wird sich zunächst möglicherweise etwas paradox anfühlen, weil Sie dafür einen Vertrauensvorschuss geben müssen, indem Sie davon ausgehen, dass es für das fragliche Verhalten einen anderen Grund gab als jenen, Ihnen wehzutun.

Einmal angenommen, Sie haben einen guten Tag, haben gut für sich gesorgt, fühlen sich in sich ruhend, spüren eine innere Großzügigkeit und Zugewandtheit. Vielleicht könnten Sie diese Gemütsverfassung nutzen, um eine ruhige, entspannte Gesprächssituation herzustellen und Ihrem Partner/Ihrer Partnerin zu sagen, dass Sie gern verstehen würden, wie es dazu kommen konnte, dass er/sie fremdgegangen ist, Sie bloßgestellt, im Stich gelassen oder hintergangen hat. Sie könnten versuchen, so lange zuzuhören und nachzufragen, bis Sie womöglich irgendwann verstehen, was die andere Person dazu bewegt hat, sich so zu benehmen. Langfristig wird es für Sie wichtig sein, nachzuvollziehen, wie es in Ihrer Partnerschaft zu einer Situation gekommen ist, in der Ihr:e Partner:in es in Kauf genommen hat, Ihnen Schmerz zu bereiten – sei es durch Unachtsamkeiten, gemeine Worte, Erheben der Stimme, Unzuverlässigkeit oder sogar Fremdgehen.

Nur sofern Sie verstehen, was in Ihrer Liebesbeziehung dazu führt, dass eine:r von beiden in irgendeiner Form »aussteigt«, können Sie dieser Situation zukünftig vorbeugen. Und an der Entstehung einer solchen Beziehungssituation sind Sie sehr wahrscheinlich mit beteiligt, wenn auch sicherlich ungewollt.

In meiner Praxis für Paartherapie erlebe ich immer wieder, dass eine Person fremdgeht und die andere sagt, für sie sei »alles in Ordnung gewesen« und sie sei »aus allen Wolken gefallen«. Oft dauert es eine längere Zeit, bis die betrogene Partei erkennt, dass auch sie unglücklich war und die Anzeichen für die Schieflage in der Beziehung verdrängt beziehungsweise verleugnet hat.

Eine Frau, deren Mann eine Affäre mit der gegenüber wohnenden Nachbarin eingegangen war, sagte schon im Erstgespräch: »Das hätte mir auch passieren können. Wir waren unglücklich.« Eine andere betrogene Frau sagte dagegen, für sie sei ihre Ehe perfekt gewesen und sie wolle am liebsten »die Uhr zurückdrehen und dass es wieder so wird wie damals«. Das wollte ihr Mann aber nicht, ihm war wichtig, in ihrer Beziehung etwas zu verändern.

Wenn zwischen den Partner:innen Informationslücken entstehen, sodass sie nicht (mehr) voneinander wissen, wo die/der jeweils andere emotional steht, was sie oder ihn bewegt, beschäftigt, wonach sie/er sich sehnt, kann sich eine emotionale Kluft zwischen dem Paar auftun, die irgendwann kaum noch überbrückbar erscheint. Wie kann es anders sein, dass es für eine:n der Partner:innen attraktiv wird, die Beziehung zu dem Menschen, in den er/sie sich einmal verliebt hat, eventuell auch eine Familie mit Kindern, aufs Spiel zu setzen, ohne dass die andere Person das weiß? An dieser Stelle wird deutlich, dass wir in Liebesbeziehungen auch in einem guten Kontakt mit uns selbst sein müssen, uns unserer selbst bewusst sein müssen, um uns der oder dem anderen überhaupt mitteilen zu können. Wissen Sie, was in Ihnen vorgeht?

Immer wieder mache ich in meiner Arbeit mit Paaren die Erfahrung, dass die Person, die sich verletzend verhält, selbst verletzt ist, ohne sich dessen bewusst zu sein. Häufig ziehen sich z. B. junge Väter, die den Eindruck haben, dass ihre Frau sich nur noch für das Kind interessiert, emotional zurück. Es kommt ihnen so vor, als seien sie nur noch in ihrer Funktion als Versorger der Familie von Bedeutung. Sobald sie ihrer Frau mitteilen würden, dass sie sich nicht mehr wichtig fühlen und sich danach sehnen, ihr nah zu sein, sich von ihr begehrt zu fühlen, zu spüren, dass sie sich für ihn interessiert, könnte ein bedeutsamer Austausch stattfinden. Die Frau würde ihrem Mann vielleicht sagen, dass sie sich auch einsam fühlt und zugleich von der Fürsorge für das Kind überlastet. Das Paar könnte gemeinsam überlegen, wie ihre Paarbeziehung trotz der Verantwortung für das Kind zu ihrem Recht kommen kann.

Was aber häufig passiert ist, dass die Partner:innen sich gekränkt zurückziehen und die Kommunikation über das, was emotional zwischen ihnen wesentlich ist, abbricht. Daraus entstehen neue Kränkungen, weil zentrale emotionale Bedürfnisse nicht durch die andere Person befriedigt werden, was zu noch mehr Rückzug führen kann usw. Es entsteht ein Teufelskreis, der zu Entfremdung führt.

Diese Kluft lässt sich durch offene, ehrliche Gespräche, in denen Sie zu Ihrem Bindungsbedürfnis, Ihrer Verletzlichkeit und Ihrer Sehnsucht nach Nähe stehen, überwinden, und durch Gespräche, in denen Sie zuhören, nicht urteilen, nicht bewerten, sondern versuchen, Ihren Partner oder Ihre Partnerin zu verstehen.

Ich behaupte nicht, dass das leicht ist oder schnell geht. Im Gegenteil: Es wird wahrscheinlich viele Gespräche brauchen, bis Sie an diesen Punkt kommen. Und womöglich werden Sie den Punkt nie erreichen. Aber das ist es, was Sie meiner Erfahrung nach versuchen können, wenn Sie wieder Vertrauen in Ihrer Liebesbeziehung erleben möchten.

Für den Fall, dass Menschen in einer verbindlichen Beziehung leben und fremdgehen, also eine intime Beziehung zu einem dritten Menschen eingehen, suchen sie außerhalb der bestehenden Beziehung etwas, ohne diese aufgeben zu wollen. Nach dem Prinzip »Wasch mich, aber mach mich nicht nass« wollen sie beides haben: die bestehende Beziehung und die neue. In unserer Gesellschaft gilt ein solches Verhalten als Betrug und wird im Allgemeinen verurteilt. Dementsprechend erwartet die betrogene Partei oft, dass der »Fremdgänger« seine Tat durch besondere Aufmerksamkeit wiedergutmacht und sich bemüht, der betrogenen Person Sicherheit zu vermitteln (z. B. indem er Fotos von seinem Aufenthaltsort schickt). Außerdem soll er alle Fragen über die Außenbeziehung beantworten. Das ist verständlich und kurzfristig oft zunächst hilfreich. Auf die Dauer gesehen ist es erfahrungsgemäß jedoch wichtiger, dass Sie die Außenbeziehung als unbewussten Lösungsversuch in einer psychischen Notlage verstehen können.

Es wird Ihnen vermutlich sehr schwerfallen, diese Perspektive einzunehmen. Das ist absolut verständlich. Dennoch empfehle ich Ihnen, es zu versuchen, weil das nach meiner Erfahrung die einzige Möglichkeit ist, Liebesbeziehungen nach Untreue auf eine neue Basis zu stellen. Fragen Sie die andere Person so lange, wie sie sich zum Zeitpunkt der Außenbeziehung gefühlt, wonach sie sich gesehnt, was sie beschäftigt, belastet, was sie emotional gebraucht hat, bis Sie sich in ihre Lage versetzen und nachvollziehen können, dass es in dieser seelischen Situation verlockend war, sich auf einen anderen Menschen einzulassen. Was wurde bei ihm gefunden, was es in der Paarbeziehung nicht gab?

Die Ehefrau des oben zitierten Mannes beschrieb ihre seelische Ausgangslage so:»Du hast jahrelang meine Figur kritisiert und mich in Gegenwart von Freunden unterbrochen und bloßgestellt. Der andere Mann hat mir vermittelt, dass er mich so begehrt, wie ich bin. Das hat mir gutgetan. Ich bin viel selbstbewusster geworden.« Ihr Mann hörte betroffen zu und sagte:»Ich weiß, dass ich dich schlecht behandelt habe, aber ich wusste nicht, *wie* schlimm das für dich war.«

Einmal angenommen, Sie sind so weit gekommen, den Standpunkt Ihres Partners/Ihrer Partnerin zu verstehen und das auch sagen zu können. Wahrscheinlich brauchen Sie jetzt noch eine Entschuldigung. Es dürfte wichtig für Sie sein, wirklich zu spüren, dass er oder sie bereut, Ihnen Schmerz verursacht zu haben. Versöhnung braucht Reue.

Die eben zitierte Frau, die fremdgegangen war, antwortete ihrem Mann:»Ja, ich war unglücklich und fühlte mich nicht begehrt von dir und nicht mehr geliebt. Aber ich hätte mich mehr wehren müssen. Ich habe mich nicht genug geäußert. Und dann kam dieser andere Mann, und plötzlich fühlte ich mich attraktiv. Aber das ist vorbei und es tut mir leid, dass ich dir wehgetan habe. Ich bereue das sehr und will jetzt alles für unsere Beziehung tun, was ich kann. Ich will dich nicht verlieren.«

Diese Frau übernimmt die Verantwortung für ihr Handeln. Wenn Sie keine Reue bei Ihrem Partner/ Ihrer Partnerin spüren, haben Sie Ihren Schmerz und Ihr eigenes Bedauern darüber, dass Sie beide in diese Situation geraten sind, unter Umständen noch nicht vollständig zum Ausdruck gebracht. Ist das so? Vielleicht, um sich nicht schwach zu zeigen und nicht noch einmal verletzt zu werden?

Theoretisch wäre es auch möglich, dass Ihr:e Partner:in nicht empathie- und reuefähig ist. Das ist allerdings eher unwahrscheinlich, da solche Menschen selten sind. Wahrscheinlicher ist die Möglichkeit, dass die Kommunikation in Ihrer Partnerschaft noch in einem Teufelskreis von Kritik und Rückzug verfangen ist.

Seien Sie geduldig mit sich und einander. Es ist nicht leicht, solche Teufelskreise zu durchbrechen. Es geht auch nicht darum, dies einmal zu tun, und ab diesem Zeitpunkt ist der Teufelskreis Vergangenheit. Vielmehr wird es für Sie wahrscheinlich darum gehen, den Teufelskreis in Ihrer Kommunikation mit der Zeit immer schneller zu unterbrechen und Kritik und Rückzug durch Selbstbeschreibungen, das Mitteilen Ihrer Bedürfnisse und ein gegenseitiges empathisches Darauf-Eingehen zu ersetzen.

Hierbei können Zwiegespräche unterstützen. Michael Lukas Moeller hat die Methode erstmals 1988 in seinem Buch »Die Wahrheit beginnt zu zweit. Das Paar im Gespräch« beschrieben.[1] Zwiegespräche sind ein Gesprächsformat mit einigen Regeln. Sie bieten Paaren einen Gesprächsrahmen, der hilft, gewohnte Kommunikationsmuster zu durchbrechen. Die Regeln schützen, solange sie eingehalten werden, vor weiteren Verletzungen und entschleunigen das Gespräch. Dabei erfahren die Partner:innen mehr beziehungsweise anderes voneinander als bisher, wobei die beschriebene Informationslücke geschlossen werden kann. Dabei kann eine neue Vertrauensbasis wachsen (s. a. »Anleitung für Zwiegespräche«, S. 243).

Wenn Sie genauer wissen, was die andere Person beschäftigt, was sie bewegt, interessiert, wonach sie sich sehnt, können Sie empathisch darauf eingehen, falls Sie das möchten. Das gilt natürlich auch umgekehrt: Vorausgesetzt, dass Sie ehrlich mitteilen, was Sie vom anderen brauchen, hat er die Chance, Ihnen das zu geben. Diese Art von Begegnung stärkt Ihre Bindung und Ihr Vertrauen ineinander.

Was uns alle manchmal davon abhält, unser Bedürfnis nach Nähe, Aufmerksamkeit, Zuhören auszudrücken, ist die Angst davor, dass unser Gegenüber darauf nicht eingehen könnte. Wenn ich signalisiere: Ich sehne mich nach Nähe zu dir, es tut mir weh, falls ein anderer Mensch dir nähersteht als ich, ich möchte deine Nummer eins sein – dann riskiere ich, dass er/sie sagt oder signalisiert, dass er/sie mir das nicht geben will. Vielleicht ist die Reaktion darauf Schweigen, vielleicht sogar ein schroffes Nein.

Es kann sein, dass Ihr:e Partner:in momentan gerade nicht willens oder in der Lage ist, empathisch zu reagieren. Es kann aber auch sein, dass er/sie grundsätzlich nicht dazu bereit oder im Stande ist.

Sobald Sie also Ihr Bindungsbedürfnis zum Ausdruck bringen, machen Sie sich verletzlich und gehen ein Risiko ein. Das Risiko besteht darin, die schmerzliche Erfahrung zu machen, dass Ihr:e Partner:in Ihr Bindungsbedürfnis nicht beantwortet. Für den Moment bedeutet das, dass Sie zunächst auf sich selbst zurückgeworfen sind und selbst für sich sorgen müssen. Solche Momente kommen in allen Liebesbeziehungen vor, weil kein noch so liebevoller Mensch immer empathisch reagieren kann. Manchmal sind wir alle einfach zu sehr damit beschäftigt, uns selbst zu stabilisieren.

Ich erlebe es andauernd, dass selbst schwerwiegende Vertrauensbrüche verziehen werden können, wenn beide Partner:innen bereit und in der Lage sind, einander ihre Verletztheit zu zeigen und einander die Chance geben, zu trösten und um Verzeihung zu bitten. Das sind schmerzliche Prozesse, in denen die Liebe aber wachsen kann. Liebe und Schmerz sind wie zwei Seiten einer Medaille: Es gibt das eine nicht ohne das andere. Doch dazu an anderer Stelle mehr.

Manche Verletzungen hinterlassen Narben: Wir vergessen sie nicht und manchmal tun sie noch weh. Soweit es Paaren gelingt, einen Versöhnungsprozess zu durchlaufen, kann die Erinnerung an Verletzungen eine Mahnung sein, sich aktiv um eine offene und empathische Kommunikation in der Liebesbeziehung zu bemühen, damit nicht wieder eine Lücke im emotionalen Austausch entsteht.

Wenn Sie nicht spüren, dass Ihr:e Partner:in sich darauf einlässt, Ihren Schmerz nachzuempfinden, und bereut, ihn verursacht zu haben, hat er beziehungsweise sie sich vielleicht schon innerlich aus der Beziehung zu Ihnen verabschiedet. Dann wird Ihr Bindungsbedürfnis vermutlich weiterhin nicht beantwortet, obwohl Sie es zum Ausdruck bringen und sich selbst liebevoll verhalten. Langfristig müssen Sie entscheiden, ob diese Partnerschaft Ihnen auf die Dauer guttut.

KAPITEL ZWEI

ICH HABE EINEN VERTRAUENS- BRUCH BEGANGEN

»Ich habe meinen Mann verletzt und verstehe selbst
nicht, warum. Und jetzt ist er misstrauisch und denkt
immer, wenn ich weggehe, dass ich mich vielleicht mit
dem anderen treffe. Dabei ist das wirklich vorbei für
mich. Ich weiß nicht, was ich noch tun soll, damit mein
Mann mir glaubt.«

Vertrauen spielt eine zentrale Rolle in Liebesbeziehungen. Ein Mangel an Vertrauen führt häufig in die
Paarberatung. Dabei sind die Ereignisse, die das Vertrauen zwischen den Partner:innen beeinträchtigen,
vielfältig. Außenbeziehungen sind nur eine, wenn auch
eine häufige und schwerwiegende, Verletzung des Ver-
trauensverhältnisses.

Die meisten Menschen hoffen unausgesprochen, in
ihrer Liebesbeziehung gewiss sein zu können, dass die
Partnerin oder der Partner Rücksicht auf ihre Gefühle nehmen und nichts tun wird, was sie verletzt. Wir
vertrauen Menschen, mit denen wir die Erfahrung
machen, dass sie in unserem Sinne und zu unserem
Besten handeln. In ihrer Gegenwart fühlen wir uns
sicher. Beziehungen mit dieser Qualität sind für alle
Menschen existenziell wichtig. Wir brauchen Beziehungen dieser Art bildlich gesprochen als Basislager,
von dem wir aufbrechen können, um uns weiterzuentwickeln. Ohne solche sicheren Bindungen fühlen wir
uns verloren und existenziell verunsichert. Das ist der
Grund, warum das Zerbrechen von Vertrauensbeziehungen als sehr erschütternd erlebt werden kann, je
nachdem, ob es für die betroffene Person noch andere
weiterhin bestehende Vertrauensbeziehungen gibt oder
nicht.

Was als verletzend beziehungsweise als Vertrauensbruch angesehen wird, ist trotzdem bis zu einem

gewissen Grad individuell unterschiedlich. Körperliche Gewalt scheint eindeutig verletzend zu sein, wird aber von manchen Menschen im Rahmen ihrer Partnerschaft toleriert. Als Kränkung wird sie dennoch empfunden. Unter Umständen treffen aber schon das Heben der Stimme, eine drohende Mimik und abwertende Wörter das Gegenüber und tun ihm weh. Das Nichteinhalten von Verabredungen, ein Mangel an Aufmerksamkeit, unterbrechen statt zuhören ... – Die Palette an eher beiläufigen Vertrauensbrüchen ist ebenfalls breit gefächert, denn häufig agieren wir aus dem Affekt heraus, ohne uns bewusst zu machen, wie verletzend unser Verhalten gerade ist.

Nicht zu vergessen ist das Ausbleiben von positiver Bestätigung, das beiläufig viele kleine Kränkungen verursacht, in der Summe aber eine ähnlich schmerzhafte Wunde ergibt wie ein eindeutiger Vertrauensbruch. Besonders häufig passiert das Paaren in Lebensphasen, in denen sie stark beansprucht sind, z. B. durch die Versorgung kleiner Kinder. Ein gewohnheitsmäßig liebloser Umgang miteinander ist mitunter aber auch das Resultat einer schleichenden Entwicklung, die damit zu tun hat, dass Konflikte in der Beziehung nicht geklärt werden.

Die oben zitierte Frau, die fremdgegangen ist, nennen wir sie Jelena, hat es z. B. jahrelang geduldet, dass ihr Ehemann, der sehr viel älter ist als sie und einen deutlich höheren Bildungsabschluss hat, sie in Gegenwart von anderen unterbrach und herabsetzte. Statt sich zu wehren, tröstete sie sich mit Essen und wurde übergewichtig. Als sie einen anderen Mann kennenlernte, der ihr vermittelte, dass er sie genau so, wie sie war, anziehend fand, begann sie Sport zu treiben und abzunehmen. Schließlich ging Jelena auf das Werben ihres Verehrers ein und genoss die Bestätigung durch die Affäre, aber auch ihr neues Körpergefühl.

Wie ist es bei Ihnen? Haben Sie das Bedürfnis, das Vertrauen in Ihrer Liebesbeziehung zu stärken? Wenn ja, dann befinden Sie sich vielleicht gerade in der Situation, dass Ihnen viele Vorwürfe gemacht und Sie von Ihrem Partner oder Ihrer Partnerin angeklagt werden. Fühlen Sie sich als Täter:in und haben Sie Schuldgefühle, weil Ihr:e Partner:in leidet?

Fühlen Sie sich möglicherweise auch von Ihrem sozialen Umfeld auf die Anklagebank gesetzt und unter Druck, Ihr Verhalten wiedergutzumachen? Oder blicken Sie eher nach vorn und finden, es gelte, die Vergangenheit hinter sich zu lassen und die verletzenden Ereignisse zu vergessen?

Alle diese Gefühlslagen sind verständlich. Ein bewusstes Verstehen der eigenen Emotionen und derjenigen des Gegenübers beinhaltet aber mehr: das Potenzial einer Beziehung, in der beide glücklicher sind, weil sie sich und ihre Bedürfnisse gesehen, wertgeschätzt und respektiert fühlen. Vertrauen wird im Folgenden mittelfristig wieder möglich. Die Frage ist also: Wollen Sie verstehen?

»Da gibt es nichts zu verstehen«, sagte kürzlich ein Mann, der fremdgegangen war. Meinem Vorschlag, gemeinsam zu ergründen, was ihn dazu verleitet hat, kurz nach seiner Heirat eine Außenbeziehung zu beginnen und damit seine junge Ehe zu gefährden, konnte er zunächst nichts abgewinnen. »Das sind die Hormone«, meinte er, nennen wir ihn Mark.»Das ist nun mal so bei uns Männern.«

Aus meiner Sicht sind wir Menschen komplexer, als dieser Mann sich selbst sieht. Psycholog:innen formulieren es so: Das Verhalten von Menschen ist »überdeterminiert«. Das heißt: Es gibt nicht einen einzigen Grund, der zwangsläufig zu einem bestimmten Verhalten führt. Vielmehr gibt es verschiedene Facetten, die ein gewisses Verhalten wahrscheinlich, aber nicht unvermeidlich machen. Sicherlich werden wir Menschen in komplexer Weise in unseren Stimmungen und unserem Verhalten auch von Hormonen beeinflusst. Wir sind ihnen aber nicht hilflos ausgeliefert, sondern können uns darum bemühen, eine andere Richtung einzuschlagen, als die Hormone nahelegen.

In ähnlicher Weise ist es uns möglich gegenzusteuern, wenn wir merken, dass wir dazu neigen, aus eigenen Verletzungen heraus andere verletzend zu behandeln. Sobald wir verstehen, warum wir so gehandelt haben, wie wir es getan haben, bekommen wir Optionen, zukünftig anders vorzugehen. Indem uns unsere eigenen Bedürfnisse und inneren Vorgänge transparent sind, erhalten wir die Chance, so zu agieren, dass wir diesen gerecht werden, ohne jemand anderen damit vor den Kopf zu stoßen.

Ich möchte Ihnen im Folgenden Ideen geben, wie Sie sich mehr Freiheit in Bezug auf Ihr eigenes Verhalten erarbeiten können, damit Sie gut für sich sorgen, ohne andere zu verletzen. Dies ist gleichzeitig eine Einladung, sich selbst besser kennenzulernen.

Ihre momentan zentrale Frage lautet allerdings wahrscheinlich: Wie werde ich in meiner Partnerschaft wieder vertrauenswürdig?

Allem Anfang wohnt ein Zauber inne – wo ist der nur geblieben?

Sie haben Mist gebaut und wollen nun alles daransetzen, dass Ihnen wieder vertraut wird. Um die vorletzte Frage für Ihre Beziehung nachhaltig beantworten zu können, müssen wir einen kleinen Umweg zum Anfang Ihrer Beziehung einschlagen und uns mit der Geschichte Ihrer Liebesbeziehung beschäftigen. Was haben Sie damals im Zusammensein mit Ihrem Partner/Ihrer Partnerin gefühlt? Woran erinnern Sie sich, wenn Sie an Ihre allererste Begegnung denken? Was waren damals Ihre allerersten Eindrücke? Wie würden Sie seine beziehungsweise ihre Ausstrahlung zu dem Zeitpunkt beschreiben? Was war Ihre damals höchstwahrscheinlich unbewusste Hoffnung, was mit gerade diesem Menschen in Ihr Leben kommen könnte?

Sowie Paare zu mir in Beratung kommen, bin ich mit diesen Fragen gern etwas hartnäckig. Denn es kann in mehrfacher Hinsicht lohnend sein, sich mit ihnen zu beschäftigen. Warum?

Beim Rückblick zum Beginn der Liebesbeziehung werden Sie sehr wahrscheinlich eine Schatzkiste entdecken. Sie werden sich daran erinnern, wie viel Freude Sie damals aneinander hatten, was Sie gern zusammen unternommen haben, welche Interessen Sie geteilt, wie wunderbar Sie einander ergänzt haben. Vielleicht haben Sie zusammen eine Zeit erlebt, in der Sie sich leicht und unbeschwert, gesehen und bestätigt gefühlt und das Leben genossen haben. In dieser Schatzkiste werden Sie möglicherweise Aspekte Ihrer Liebesbeziehung wiederentdecken, die verloren gegangen zu sein scheinen und die Sie wiederfinden möchten. Es ist gut möglich, dass Sie manche der Aspekte wiederbeleben können. Natürlich wird es nicht wieder genauso sein wie damals, aber versuchen Sie, in die Schatzkiste zu greifen und Ihre:n Partner:in mit den Augen von damals zu sehen. Sie beide sind immer noch dieselben Menschen, auch wenn wir uns alle natürlich im Laufe der Zeit verändern. In der Schatzkiste Ihrer Verliebtheitsphase liegen Ressourcen Ihrer Beziehung, Sie müssen sie nur ans Tageslicht holen.

Dachten Sie zu Beginn Ihrer Liebesbeziehung, dass gerade dieser Mensch Sie wunderbar ergänzt, indem er Aspekte in Ihr Leben bringt, die Sie noch nicht befriedigend für sich gelöst hatten? Hat diese Person Ihr Leben bereichert und leichter gemacht in ihrer Andersartigkeit? Haben Sie einander ergänzt auf eine Weise, die sich lange wunderbar anfühlte, möglicherweise sogar wie Fügung?

Nach wie vor sind Sie beide dieselben Menschen wie damals. Es ist sehr unwahrscheinlich, dass Ihrem Partner/Ihrer Partnerin die Eigenschaften, die Sie damals so anziehend fanden, vollständig verloren gegangen sind. Womöglich ist es aber so, dass diese einst als so bezaubernd erlebten Charakterzüge aus Ihrer Sicht überlagert sind von Erlebnissen, die Sie negativ bewerten. Vielleicht stört Sie sogar jetzt genau das, was Sie einst faszinierte. Häufig tritt im Laufe der Zeit die Kehrseite der ursprünglich als attraktiv bewerteten Persönlichkeitszüge in den Vordergrund. Dann wird etwa Spontaneität nicht mehr als erfrischend wohltuend, sondern nur noch als Stress empfunden.

Wir entwickeln uns weiter, unsere Bedürfnisse verändern sich zum Teil, und so kann das ursprünglich so geschätzte Wesen des Partners oder der Partnerin als bedrückend empfunden werden. Manchmal scheint sich die einstmals belebende und entwicklungsfördernde Beziehung in einen schweren Stein zu verwandeln, der uns belastet. Aus einer Beziehung, die uns trägt und stützt, ist auf einmal augenscheinlich eine mühsame Angelegenheit geworden. Empfinden Sie eine Sehnsucht, den ursprünglichen Zauber wieder zu empfinden?

Was ist in der Zwischenzeit passiert?
Wie konnte es dazu kommen?

Kommen wir zu Ihrer Beziehungsgeschichte zurück. Ich empfehle Ihnen, sich in Ruhe und ausgiebig mit den folgenden Fragen zu beschäftigen. Sie können das allein tun und sich dabei eventuell Notizen machen. Sie können das aber auch im Gespräch mit Ihrem Partner oder Ihrer Partnerin tun. Ideal wäre es, wenn eine:r von Ihnen zunächst anhand der Fragen ihre/seine Version Ihrer gemeinsamen Beziehungsgeschichte am Stück erzählt, ohne dabei unterbrochen zu werden. Die zuhörende Person kann anschließend Fragen dazu stellen und mitteilen, welche Gefühle und Gedanken bei ihr aufgetaucht sind, ohne die beschriebene Geschichte jedoch zu bewerten.

Als Nächstes wird die andere Version ohne Unterbrechung erzählt und gehört. Auch die Rückmeldungen dazu sollten ausschließlich aus Ich-Aussagen oder wertfreien Fragen bestehen. Ein ausführliches und achtsam geführtes Gespräch über die gemeinsame Beziehungsgeschichte hilft mitunter schon, sich und einander besser zu verstehen, Missverständnisse und Verstrickungen aufzuspüren und zu klären sowie alte Verletzungen zu heilen.

Denken Sie an die allererste Begegnung mit Ihrer jetzigen Partnerin beziehungsweise Ihrem jetzigen Partner zurück:

- *Was waren Ihre allerersten Eindrücke von ihr oder ihm? Wie sah er/sie aus, wie war die Ausstrahlung? Was sagte Ihnen die Körpersprache und Kleidung? Welches Gefühl entsteht in Ihnen, sobald Sie diese ersten Bilder von ihm oder ihr vor Ihrem geistigen Auge sehen?*
- *In welcher Lebenssituation waren Sie zu dem Zeitpunkt? Hatten Sie damals schon feste Liebesbeziehungen erlebt? Welche Erfahrungen haben Sie darin gemacht? Was waren Ihre Hoffnungen an eine neue Beziehung? Oder waren Sie noch in einer bestehenden Beziehung, als Sie Ihrer jetzigen Liebe begegneten?*
- *Wie haben Sie damals die gemeinsame Zeit verbracht? Wie haben Sie sich dabei gefühlt? Gab es eine Verliebtheitsphase, die Sie zusammen genießen konnten? Wie erlebten Sie sich damals selbst im Zusammensein mit Ihrer jetzigen Partnerin oder Ihrem jetzigen Partner?*
- *Wie standen die beiden Herkunftsfamilien zu Ihrer Beziehung? Wie fühlten Sie sich in der Familie Ihres Partners/Ihrer Partnerin aufgenommen? Welche Auswirkungen hatten die Haltungen Ihrer Herkunftsfamilie auf Ihre Partnerschaft?*
- *Wie ging es weiter? Was sind aus heutiger Sicht bedeutsame Ereignisse oder Entwicklungen in*

Ihrer gemeinsamen Geschichte? In welcher Weise
haben diese Erfahrungen Ihre Liebesbeziehung
geprägt?

- *Was konnten Sie gut als Paar? In welchen
Lebensbereichen waren Sie ein gutes Team?
Wie haben Sie gemeinsam Ihre Liebesbeziehung
gepflegt? Wie haben Sie gemeinsam
Schwierigkeiten bewältigt?*
- *Gibt es Erinnerungen, die schmerzlich sind? Sind
Sie verletzt worden? Hat Ihre Partnerin/Ihr Partner
Sie enttäuscht? Haben Sie ihn oder sie enttäuscht?
Wie gingen Sie beide mit diesen Erfahrungen um?
Wie haben Sie es geschafft, dass Sie trotzdem noch
ein Paar sind?*
- *Wie haben Sie Ihre Sexualität erlebt? Hatten Sie
Freude daran? Wie hat sich Ihre Sexualität im
Laufe der Zeit verändert? Reden Sie über Ihre
sexuellen Wünsche und Grenzen?*
- *Gab es den Wunsch, eine Familie zu gründen? Wie
sind Sie als Paar mit diesem Thema umgegangen?*

Wenn Sie die Geschichte Ihrer Liebesbeziehung mit
Ihrer Partnerin oder Ihrem Partner besprechen, ist es
sehr wichtig, die Beziehungsgeschichten beider Part-
ner:innen zu würdigen. Wahrscheinlich werden Sie
vieles unterschiedlich erlebt und in Erinnerung haben.
Das ist normal. Sie sind zwei Individuen mit jeweils
eigener Perspektive. Versuchen Sie, die Unterschiedlichkeit der beiden Versionen nicht als bedrohlich zu
bewerten, sondern sich eher dafür zu interessieren, wie
die Sicht der oder des jeweils anderen zustande kommt.
Es geht darum, zu lernen, sich selbst und den Partner
oder die Partnerin besser zu verstehen. Das bedeutet

selbstverständlich nicht, unendlich verständnisvoll zu sein und keine Grenzen zu setzen.

Beschäftigen Sie sich in der Beziehungsgeschichte auch mit der Zeit unmittelbar vor dem Vertrauensbruch:

- *Was war in dieser Zeit los in Ihrem Leben?*
- *Wie ging es Ihnen? Wie ging es Ihrem Partner/Ihrer Partnerin? Wie ging es Ihrer Beziehung?*
- *Gab es besondere Belastungen oder Veränderungen? Haben Sie darüber gesprochen? Mit wem?*
- *Kann es sein, dass etwas Sie beunruhigt oder erschüttert hat? Falls ja, was war das?*

Ich habe noch nie erlebt, dass ein Mensch, der das Vertrauen in seiner Liebesbeziehung gefährdet hat, davor nicht selbst eine existenzielle Erfahrung gemacht hat. Das muss nicht ein singuläres, außergewöhnliches Ereignis sein, sondern kann auch eine eher schleichende Erkenntnis sein, die als erschütternd empfunden wird. Jelena, die bereits erwähnte Frau, die fremdgegangen ist, war z. B. mit der Tatsache konfrontiert, dass ihr Partner einen Hirntumor und einen Tremor bekam, sodass sein Alter schlagartig unübersehbar wurde und sie Pflegetätigkeiten übernehmen musste.

Bemühen Sie sich daher ernsthaft zu verstehen, was Sie dazu verleitet hat, etwas zu tun, das Ihre:n Partner:in verletzt hat. Eventuell spielen Ihre Hormone eine Rolle, aber sollten sie der einzige Grund sein, müssten ja alle gesunden Männer fremdgehen.

Meine Erfahrung als Paartherapeutin ist vielmehr, dass Menschen, die sich verletzend verhalten, selbst verletzt wurden. Oft liegen die ursprünglichen Verletzungen weit zurück, sind nicht bewusst und werden durch aktuelle Ereignisse wieder aktiviert. Das ist keine Entschuldigung und kein Freibrief für verletzendes Verhalten. Mir geht es an dieser Stelle darum, Sie dazu zu ermutigen, zu Ihrer eigenen Verletzlichkeit und gleichzeitig zu Ihrer Verantwortung zu stehen. Das geht nur, indem Sie selbst verstehen, aus welcher psychischen Situation heraus Sie sich verletzend verhalten haben. Und nur, insofern Sie das wissen und zu Ihrer Verantwortung für das Verhalten, für das Sie sich entschiedenen haben, stehen, können Sie sich in Zukunft für ein anderes Verhalten entscheiden, wenn Sie in eine ähnliche Situation kommen – oder der Möglichkeit vorbeugen, dass Sie in eine ähnliche seelische Notlage geraten.

Versuchen Sie, Ihrem Partner/Ihrer Partnerin zu beschreiben, wie Sie sich gefühlt haben, worin Ihr Dilemma bestand – so lange, bis er/sie Ihre Situation nachvollziehen kann. Tun Sie das ohne Selbstmitleid, aber mit Freundlichkeit mit sich selbst. Übernehmen Sie die Verantwortung dafür, dass Sie sich in der fraglichen Situation so und nicht anders verhalten haben. Und widerstehen Sie der Versuchung, Ihrem Partner/ Ihrer Partnerin Vorwürfe zu machen. Aus Ihrer Sicht hat er oder sie wahrscheinlich dazu beigetragen, dass Sie unglücklich waren. Versuchen Sie trotzdem, nur zu beschreiben, wie es Ihnen emotional ging.

Die Frau von Mark, der allein seine Hormone für sein Fremdgehen verantwortlich macht, muss bei dieser Begründung damit rechnen, dass das immer wieder passiert. Denn an Marks hormoneller Ausstattung ändert sich ja so schnell nichts und darauf hat niemand Einfluss. Im Verlauf der weiteren Arbeit mit diesem

Paar wurde deutlich, dass sich Mark permanent von seiner Partnerin durch herablassende Gesten und spitze Bemerkungen abgewertet fühlte. Seine Vorstellung, dass ein männlicher Mann sich von solchem Verhalten nicht berühren lässt, hielt ihn davon ab, seine Gekränktheit mitzuteilen. So entstand eine Kontaktunterbrechung zwischen den Partner:innen und damit eine emotionale Kluft. Beim Fremdgehen konnte er sich männlich und begehrenswert fühlen und so sein verletztes Selbstwertgefühl »reparieren«.

Vielleicht gelingt es Ihnen, einen spielerischen Zugang zu einer Selbstbeobachtung zu finden und sich hin und wieder zu fragen, was unter Umständen, zunächst wahrscheinlich unbewusst, noch eine Rolle gespielt hat für Sie, als Sie sich für ein bestimmtes Verhalten entschieden haben. Das muss nicht ausschließlich bierernst geschehen und auf der Suche nach Problemen, es kann stattdessen auch eher von einer Neugierde auf das eigene Innenleben geleitet sein. Denn je besser wir uns kennen, desto besser können wir für uns sorgen.

Oft ist es überaus sinnvoll, nicht nur darüber nachzudenken, was wir uns von unserem Partner oder unserer Partnerin wünschen, und dieses möglichst auch mitzuteilen, sondern auch, was wir selbst für uns tun können.

Wenn wir uns Sehnsüchte beziehungsweise Bedürfnisse bewusst machen, können wir darüber sprechen und schauen, ob die bestehende Beziehung womöglich doch flexibel oder entwicklungsfähig genug ist, um diesen Bedürfnissen gerecht zu werden. Auch für den Fall, dass es uns zunächst nicht so vorkommt.

Ich möchte Sie zu einem Gedankenexperiment einladen: Denken Sie bitte noch einmal an die beziehungsweise eine Situation zurück, in der Sie sich Ihrem Partner oder Ihrer Partnerin gegenüber verletzend verhalten oder in Kauf genommen haben, dass er/sie verletzt sein würde, wüsste er beziehungsweise sie davon:

- *Fühlten Sie sich überfordert?*
- *Hatten Sie Angst, den an Sie gestellten Erwartungen nicht gerecht werden zu können?*
- *Fühlten Sie sich in einem engen Korsett von Anforderungen?*
- *Waren Sie beschämt?*
- *Haben Sie sich nach Bestätigung gesehnt?*
- *Hatten Sie das Bedürfnis, sich unbeschwert zu fühlen?*

Es wäre sehr verständlich, sollten Sie mehrere dieser Fragen mit Ja beantworten.

Sowie Sie sich auf der Anklagebank fühlen, neigen Sie vielleicht dazu, sich zu rechtfertigen und Gegenvorwürfe zu formulieren. Das ist menschlich. Möglicherweise können Sie stattdessen aber ausprobieren, wie es ist, wenn Sie über die Gefühle sprechen, die Sie bei der Beantwortung der obigen Fragen entdeckt haben. Damit zeigen Sie Ihre Verletzlichkeit, ohne die Verantwortung für Ihren Umgang mit Ihrem Fehlverhalten zu verleugnen. Sie waren psychisch in Bedrängnis und haben sich geschützt auf eine Art, die für Ihren Partner/Ihre Partnerin verletzend war. Jetzt geht es darum, ihr beziehungsweise ihm verständlich zu machen, dass es nicht Ihre Absicht war, sie oder ihn zu verletzen, sondern dass Sie aus Überforderung falsch gehandelt haben.

Warum habe ich den wichtigsten Menschen in meinem Leben verletzt?

Mark, der Mann, der seine Hormone für sein Fremdgehen verantwortlich macht, stellt bei der Betrachtung der Beziehungsgeschichte fest, dass er Angst vor der mit einer Familiengründung verbundenen Verantwortung hatte und dann durch eine Corona-Infektion zusätzlich mit der eigenen Sterblichkeit konfrontiert war. Gleichzeitig fühlte er sich bei der Arbeit genötigt, sich ständig aggressiv durchzusetzen. »Wenn man sich da nicht täglich durchsetzt, ist man schnell weg vom Fenster«, sagte er. Die Ängste, die diese Umstände in ihm auslösten, konnte er nur schwer mit seinem Bild von Männlichkeit vereinbaren.

An diesem Beispiel versuche ich Ihnen zu demonstrieren, dass Marks Verhalten, das seine Frau verständlicherweise als verletzend erlebt, viele Facetten hat, die zum Teil in der Beziehung selbst liegen, wie die Herabsetzungen durch seine Frau, und zum Teil außerhalb der Beziehung, wie die Corona-Infektion und seine berufliche Situation.

Wir alle fühlen uns manchmal hilflos, verwundbar, unsicher, ängstlich. Das ist menschlich. Auch der Impuls, aus dieser Verfassung heraus verbal oder durch verletzendes Verhalten um uns zu schlagen, ist menschlich. Er ist aber nicht hilfreich im Hinblick auf Ihre langfristigen Ziele.

Verletzungen zwischen Partner:innen passieren häufig in Lebenslagen, in denen sich beide überfordert fühlen und eigentlich mehr Unterstützung von außen bräuchten. Schwangerschaft und Geburt sind Situationen, in denen Frauen ein ausgeprägtes Bedürfnis nach Schutz und sicherer Begleitung haben. Gleichzeitig sind werdende Väter oft sehr unsicher, wie sie mit der neuen Situation umgehen sollen, und haben große Angst, zu versagen. Auch sie bräuchten eigentlich Unterstützung von Menschen, die in dieser Situation erfahren sind. Wenn die schwangere beziehungsweise gebärende Frau in dieser Verfassung, in der sie auf Hilfe angewiesen ist, den Eindruck gewinnt, sich nicht auf ihren Partner verlassen zu können, kann das als sehr verunsichernd erlebt werden und das Vertrauen in die Beziehung beschädigen. Werdende Eltern sind in unserer Kultur relativ stark auf sich selbst gestellt und erwarten dementsprechend viel voneinander, deshalb ist die Wahrscheinlichkeit von Enttäuschungen in dieser existenziellen Situation hoch.

Das Vertrauen in Liebesbeziehungen kann aber auch durch viele kleine, undramatische Verletzungen, die für sich betrachtet unbedeutend erscheinen mögen, beeinträchtigt werden. Häufig berichten Menschen, die eine Paartherapie aufsuchen, dass sie den Eindruck haben, dem Partner oder der Partnerin nichts recht machen zu können. Sie fühlen sich häufig abgewertet und kritisiert, ohne dass sie einen Zusammenhang mit ihrem Bemühen erkennen können, ihre oder seine Erwartungen zu erfüllen. Nach dem Motto »Steter Tropfen höhlt den Stein« können auch häufige kleine Verletzungen wie viele kleine Vertrauensbrüche erlebt werden und das Vertrauen zwischen den Partner:innen untergraben.

Stecke ich in Vorwürfen und Rechtfertigungen fest?

Wie auch immer es dazu gekommen ist, dass das Vertrauen in Ihrer Liebesbeziehung zerbrochen ist – eine große Gefahr besteht darin, dass sich ein Teufelskreis aus Vorwürfen und Rechtfertigungen etabliert. Teufelskreise haben es an sich, dass sie schwer zu unterbrechen sind. Das zu schaffen, braucht den Mut und die Beharrlichkeit, das eigene Verhaltensmuster, das sich unter Umständen schon über eine längere Zeit verfestigt hat, zu unterbrechen.

Sollten Sie aktuell derjenige sein, der sich auf der Anklagebank fühlt, neigen Sie momentan vermutlich dazu, sich zu'rechtfertigen und nicht mehr über »Ihr Vergehen« sprechen zu wollen. Das ist verständlich. Es ist nur allzu menschlich, auf einen Vorwurf intuitiv mit Selbstschutzmaßnahmen zu reagieren. Wir fühlen uns angegriffen und wollen uns verteidigen – und dann soll es auch gut sein, wir wollen in Ruhe gelassen werden. Das Problem ist nur, dass das die Wunde bei Ihrem Partner/Ihrer Partnerin dadurch nicht heilt.

Heilen kann die Wunde des Vertrauensbruchs nur, soweit Ihr Verhalten als missglückter Selbstschutzimpuls nachvollziehbar wird und zugleich spürbar wird, dass es Ihnen leidtut, dass Sie sich mit Ihrem Verhalten für eine »suboptimale Lösung« entschieden haben. Die von Ihnen gewählte »Medizin« hat erhebliche Nebenwirkungen.

Ehrlicherweise muss gesagt werden, dass die Wirkung Ihres Verhaltens auf Ihre bestehende Beziehung nicht ideal war. Und doch war das Verhalten als Gegenmittel für eine für Sie psychisch schwierige Lage gedacht, also Ihrem Partner oder Ihrer Partnerin gegenüber nicht »böse gemeint« – wahrscheinlich! Natürlich sind wir manchmal in der Versuchung, uns rächen zu wollen.

Wollten Sie sich mit dem verletzenden Verhalten rächen? Fühlten Sie sich gedemütigt? Wenn ja, wäre der Impuls, zurückzuschlagen, verständlich. Allerdings ist eine solche Reaktion nicht hilfreich, weil es für Ihre Partnerin beziehungsweise Ihren Partner sehr schwierig ist, darauf liebevoll zu reagieren.

Falls Sie im Zuge Ihrer Reflexion entdecken, dass Sie eine Genugtuung empfinden, sobald Sie an die Wirkung Ihres Verhaltens auf Ihre Partnerin oder Ihren Partner denken, können Sie der Frage nachgehen, wofür Sie diesen Ausgleich brauchen. In welcher Hinsicht sind Sie jetzt quitt? Welche Ungerechtigkeit wird durch Ihr Verhalten ausgeglichen?

Rachegedanken sind verpönt, und es mag schwierig sein, sie sich einzugestehen. Sie sind aber menschlich, und unter der Voraussetzung, dass Sie um sie wissen, können Sie sich darum bemühen, in Zukunft auf eine Weise für Gerechtigkeit in Ihrer Partnerschaft zu sorgen, die keinen weiteren Schaden verursacht. Wir Menschen stellen innere Verrechnungen an, und ein ausgeglichenes Verhältnis von Geben und Nehmen stabilisiert Ihre Partnerschaft. Insofern ist es sehr sinnvoll, für ein gewisses Maß an Gerechtigkeit zu sorgen – und zwar möglichst durch einvernehmliches Aushandeln.

Statt Ihr Gefühl von Ungerechtigkeit und Ihre Verletztheit im Vorfeld Ihres Vertrauensbruchs mitzuteilen, haben Sie sich selbst verletzend verhalten. Bereuen Sie das? Bei Versöhnungsprozessen ist Reue ein entscheidender Faktor. Die Person, die sich als Opfer eines verletzenden Verhaltens erlebt, hält meistens Ausschau nach Hinweisen darauf, dass die verletzende Partei ihr Verhalten bereut. Meiner Erfahrung nach können wir nur bereuen, wenn wir uns nicht rechtfertigen, sondern anerkennen, dass wir selbst in der fraglichen Situation schwach und verletzlich waren. Das ist okay. Niemand hat immer alles im Griff. Wir alle fühlen uns manchmal hilflos. Hilflosigkeit ist allerdings eines der Gefühle, die unbeliebt, schwer einzugestehen und auszuhalten sind. Aber Sie sind stark, Sie schaffen das: Seien Sie ehrlich mit sich, horchen Sie in sich hinein, forschen Sie nach, was Ihnen Ihr Fehlverhalten für einen Ausgleich oder Mehrwert gegeben hat. Erkennen Sie an, dass dieser Lösungsweg ein falscher war, bereuen Sie, »falsch abgebogen zu sein« und damit Ihre Partnerin oder Ihren Partner verletzt zu haben, dann wird es dem anderen Menschen in Ihrer Paarbeziehung vielleicht wieder möglich, Ihnen zu vertrauen.

Wohin mit den ganzen Gefühlen?

Wir Menschen neigen wohl alle dazu, unangenehme Gefühle unterdrücken, überspielen oder verdrängen zu wollen. Gefühle wie Traurigkeit, Angst, Ohnmacht und Scham wollen wir in der Regel so schnell wie möglich hinter uns lassen. Auch Reue steht auf der Beliebtheitsskala der Gefühle weit unten.

Eine in unserer Kultur besonders beliebte Methode, um unangenehme Gefühle weniger zu spüren, ist der Konsum von Alkohol. Dieses sogenannte Genussmittel kann in Maßen konsumiert Spannungszustände, die z. B. aus sozialen Ängsten resultieren, abmildern. Mancher Konflikt scheint sich zunächst dank des sozialen Schmiermittels Alkohol zu entspannen – gelöst wird er dabei nicht. Aufgeschoben ist nun mal nicht aufgehoben. Auch Ablenkungen wie Rauchen, Fernsehen, Surfen im Internet oder Computerspiele sind heutzutage weitverbreitete Methoden, unangenehme Gefühle zu betäuben.

Eine weitere Möglichkeit, sich weniger verletzlich zu fühlen, besteht darin, sich emotional zu verschließen beziehungsweise zu verhärten. Wir machen die »Schotten dicht«, um uns zu schützen. Dann wirken wir nach außen kühl und rational oder wütend. Dabei fühlen wir uns stärker und sicherer, als würden wir unsere Traurigkeit oder Hilflosigkeit spüren und zeigen. Problematisch ist hierbei, dass diese Betäubung auch die Gefühle erfasst, die wir mögen oder nach denen wir uns eigentlich sehnen, nämlich die freud- und liebevollen.

Ärger und Groll lassen sich als »Tarngefühle« verstehen. Wenn wir wütend sind, fühlen wir uns stark und voller Energie. Halten Sie einmal inne, während Sie wütend sind, atmen Sie tief und ruhig und spüren Sie bewusst Ihre Atemempfindungen. Sobald Sie wieder bei sich sind: Welches Gefühl nehmen Sie jetzt wahr? Es wird höchstwahrscheinlich Traurigkeit sein. Sind Sie traurig darüber, dass ein wichtiges Bedürfnis nicht erfüllt wird? Versuchen Sie einmal, mit Ihrer Partnerin oder Ihrem Partner über die Traurigkeit zu sprechen, solange Sie in einer solchen ruhigen Verfassung bei sich sind. Verändert sich daraufhin etwas?

Wollen Sie Ihre Liebe nähren, müssen Sie Ihre schmerzlichen Gefühle zulassen und zeigen. Dazu gehören Ihre eigene Verletztheit und Ihre Reue. Falls Sie es bereuen, Ihre Partnerin oder Ihren Partner verletzt zu haben, teilen Sie ihr oder ihm das mit. Stehen Sie dazu, ohne sich zu rechtfertigen, ohne andere oder die Umstände verantwortlich zu machen. Erklären: ja; rechtfertigen: nein. Halten Sie den Schmerz aus, der vermutlich aufsteigt, sobald Sie über Ihre eigene Verletztheit und Ihren Umgang damit sprechen. Sie können darauf vertrauen, dass der Schmerz, der Raum bekommt, der sein darf, vorbeigeht.

Ich selbst habe erst kürzlich diese Erfahrung gemacht. Mein Bruder war plötzlich und unerwartet gestorben. Drei Tage später hatte ich ein Seminar zu leiten. Ich überlegte, ob ich das Seminar absagen sollte, weil ich fürchtete, dass es mir nicht guttun würde, zwei Tage lang nicht traurig sein zu dürfen, und dass die Seminarteilnehmer:innen die Atmosphäre als bedrückend erleben würden. Schließlich entschied ich mich dafür, das Seminar durchzuführen. Diese Arbeit macht mir (überwiegend) Freude, und Freude konnte ich in der Situation gut brauchen. Zu Beginn teilte ich den Anwesenden meine Situation kurz mit. Von dem Moment an, als ich aussprach, dass ich traurig war, fühlte ich mich frei – und nicht mehr traurig. Rückblickend glaube ich, dass meine Selbsterklärung zu einer sehr offenen und konstruktiven Arbeitsatmosphäre beigetragen hat.

Wenn Ihr Partner beziehungsweise Ihre Partnerin Ihre Verletzlichkeit und Reue spürt, stehen die Chancen gut, dass Ihnen vergeben wird. Sie geben dem anderen damit nämlich die Möglichkeit, sein Herz zu öffnen, Ihren Schmerz wahrzunehmen, zu fühlen, dass Sie ihn eigentlich nicht verletzen wollten, und einen Schritt auf Sie zuzugehen.

Eine Garantie, dass Ihr Partner/Ihre Partnerin so reagiert, wie Sie es sich erhoffen, gibt es leider nicht. Aber indem Sie sich mit Ihrer Verletzlichkeit zeigen, räumen Sie Ihrem Gegenüber die Chance ein, liebevoll auf Sie zu reagieren. Dabei kann eine empathische Aufwärtsspirale in Gang gesetzt und der Teufelskreis der gegenseitigen Vorwürfe und Rechtfertigungen unterbrochen werden. Dafür müssen Sie das Risiko eingehen, dass Ihr Partner/Ihre Partnerin (noch) nicht bereit ist, selbst den Schutzpanzer abzulegen und die eigene Sehnsucht nach Verbundenheit zu zeigen.

Denn letztlich geht es in der Paarbeziehung darum, dass beide dazu stehen, dass sie sich nach Verbundenheit miteinander sehnen, also einander brauchen. Verlassen Sie die Anklagebank. Holen Sie sich aus der Defensive heraus und äußern Sie Ihre Bedürfnisse. Die sind genauso wichtig wie die der anderen Person, die sich als Opfer fühlt. Reue bedeutet nicht, dass Sie von nun an im Büßergewand und mit hängenden Schultern Wiedergutmachung leisten. Übernehmen Sie die Verantwortung für Ihre Bedürfnisse und Ihre Beziehung und werden Sie aktiv!

Und nun?

Es kann sein, dass Ihre Partnerin/Ihr Partner so viel Angst vor einer weiteren Verletzung hat, dass er/sie sich noch eine Weile schützen muss. In einem solchen Fall brauchen Sie Geduld und Beharrlichkeit. Er beziehungsweise sie neigt vielleicht momentan dazu, Sie kontrollieren zu wollen und Liebesbeweise zu fordern. Das ist verständlich als Versuch, sich Sicherheit zu verschaffen. Und doch ist es kontraproduktiv, falls Sie sich dadurch gegängelt und herabgesetzt fühlen. Versuchen Sie, Verständnis und zugleich Grenzen zu vermitteln. Es hat nämlich keinen Sinn, dass Sie zunächst alle Wünsche erfüllen, damit Ruhe herrscht, und dabei Ihre eigenen Grenzen überschreiten. Das würde nur erneut zu Entfremdung führen. Außerdem ist es eine Illusion, dass Kontrolle Sicherheit schafft.

An dieser Stelle möchte ich das Wort »Beharrlichkeit« betonen. Um sich von den Stimmungsschwankungen und Unsicherheiten der betrogenen Partei nicht mitreißen zu lassen, kann es hilfreich sein, sich ab und an die eigenen langfristigen Ziele vor Augen zu führen und sich zu zentrieren. Für den Fall, dass Sie mit Vorwürfen und Ängsten konfrontiert sind, können Sie sich mit einem inneren Dialog beruhigen: »Ich bin ich, ich möchte das Vertrauen zwischen uns stärken, er/sie ist jetzt aufgeregt und braucht jetzt Sicherheit.« Mit ähnlichen inneren Worten können Sie versuchen, dem Sturm der Verunsicherung bei Ihrem Partner oder Ihrer Partnerin standzuhalten, und damit vermitteln, dass Sie sich um eine Stabilisierung Ihrer eigenen Verfassung und die Ihrer Liebesbeziehung bemühen.

»Ich wollte alles wissen, was er mit der anderen wann, wo und wie gemacht hat. Am liebsten hätte ich ständig sein Handy kontrolliert. Und am liebsten wäre ich ihm hinterhergefahren, sobald er wegfuhr. Aber dann wurde mir klar, dass ich ihn nicht kontrollieren kann und dass ich nur immer angespannter wurde, als ich es versuchte. Stattdessen will ich verstehen, warum er das gemacht hat.« Die Frau von Mark, der seine Hormone für seine Außenbeziehung verantwortlich machte, bemüht sich darum, ihre Angst vor dem Verlassenwerden selbst zu regulieren, statt von ihrem Mann zu erwarten, dass er ihr die Angst nimmt.

Im Laufe der Zeit setzt sich dieses Paar zunehmend mit den jeweils persönlichen Minderwertigkeitsgefühlen und Ängsten vor Verlassenheit auseinander. Ihm wird bewusst, dass sie sich beide vom jeweils anderen Selbstaufwertung erhofft haben. Mark ist zehn Jahre älter und fühlte sich zu Beginn der Beziehung von der Aufmerksamkeit seiner jetzigen Frau geschmeichelt. Außerdem gewann er den Eindruck, dass sie ihm »ergeben« sei, ihn also bestätigen und nicht verlassen würde. Sie wiederum fühlte sich von der Aufmerksamkeit des älteren, erfahrenen und als »Frauenheld« bekannten Mannes aufgewertet, nach dem Motto »Er könnte jede haben, nimmt aber mich«. Die Tatsache, dass ihre Beziehung als Außenbeziehung begann, während Mark in einer anderen, festen Beziehung war, belegt, dass beide Partner:innen einen Betrug in Kauf nehmen, gesetzt den Fall, dass sie dabei eine Selbstaufwertung erleben.

Sollte es um eine Außenbeziehung gehen, ist es wichtig, für das, was in dieser erlebt wurde, andere Quellen zu finden. Diese Quellen können zum Teil in der bestehenden Beziehung liegen, indem diese neu aufgestellt wird. Zum anderen lassen sie sich in anderen Lebensbereichen finden, die womöglich eine Zeit lang brachlagen und wiederbelebt werden können, vielleicht geht es aber auch darum, sich neue Möglichkeiten zu erschließen, die dazu beitragen, dass essenzielle Bedürfnisse zu ihrem Recht kommen.

Einmal angenommen, Sie wären sich in der Betrugssituation Ihrer eigenen Bedürfnisse zu dem Zeitpunkt bewusst gewesen: Was hätten Sie noch tun können, um gut für sich zu sorgen? Welche Alternativen hätte es zu Ihrem Verhalten gegeben?

Weiterhin kann es ein wichtiger Impuls sein, sich zu fragen, was Sie davon abgehalten hat, in der ausschlaggebenden Situation mitzuteilen, was eigentlich in Ihnen vorging. Selbst, wenn Sie tatsächlich das Bedürfnis hatten, Ihre Partnerin oder Ihren Partner zu verletzen, hätten Sie dieses Bedürfnis in Worte fassen und zusammen darüber sprechen können. Und dann hätten Sie das verletzende Verhalten wahrscheinlich nicht gebraucht, um Ihr seelisches Gleichgewicht herzustellen.

Viel häufiger als ein bewusster Betrug sind im Alltag vieler Paare Situationen, in denen man sich unwohl fühlt, z. B. gestresst, überfordert, beschämt, ängstlich, und aus diesem Affekt heraus die oder den anderen mit Worten oder Taten verletzt, um die eigene Spannung abzubauen. Dabei machen wir uns die Wirkung auf die/den anderen entweder im Eifer des Gefechts nicht bewusst oder nehmen sie billigend in Kauf, weil wir uns in der inneren Bedrängnis nicht anders zu helfen wissen.

Unsere Verhaltensweisen in Stresssituationen laufen stark automatisiert ab. Falls Sie in solchen Situationen einmal anders als sonst agieren möchten, beachten Sie die folgenden drei Aspekte. Da ist zum einen die Frage, ob Sie bestimmte Befürchtungen im Hinblick auf die Reaktion Ihres Partners oder Ihrer Partnerin auf die Äußerung Ihres eigentlichen Bedürfnisses hatten oder haben. Ein weiterer Aspekt ist, wie gut Sie sich selbst und Ihre Bedürfnisse kennen oder inwieweit Sie eher aus dem Unbewussten heraus agieren. Diesen Aspekt haben wir in anderen Zusammenhängen bereits mehrfach angesprochen. Und nicht zuletzt ist es von entscheidender Bedeutung für Vertrauen in Ihren Beziehungen, ob es Ihnen gelingt, automatische Stressreaktionen abzubauen und die dazugehörigen Emotionen zu regulieren.

Manchmal werden Sie vermutlich die Erfahrung machen, dass Ihre Partnerin beziehungsweise Ihr Partner Sie beruhigt. Dann können Sie innige Momente von Verbundenheit erleben. Mitunter wird die andere Person aber nicht dazu bereit oder in der Lage sein, vollständig auf Sie einzugehen und Ihnen das gerade Benötigte zu geben. Deshalb ist es ein großer Schritt zu mehr Unabhängigkeit, schwierige Gefühle selbst regulieren zu können und dabei nicht auf andere – sei es als Blitzableiter, sei es als Tröster:in – angewiesen zu sein.

Unsere Erfahrungen mit unseren ersten Bezugspersonen, in der Regel den Eltern, prägen unsere Erwartungen, womit wir zu rechnen haben, wenn wir uns Unterstützung wünschen. Damit kommen wir zu der obigen Frage zurück, was Sie vielleicht bisher manchmal davon abhält, Ihre eigentlichen Bedürfnisse im Rahmen Ihrer Liebesbeziehung zu äußern. Nehmen Sie sich ein wenig Zeit, um zu reflektieren, ob es Befürchtungen gibt, dass Sie beschämt, zurückgewiesen oder verlassen werden könnten, sobald Sie sich bedürftig zeigen. War es in Ihrer Herkunftsfamilie erlaubt, ängstlich, traurig, hilflos zu sein? Oder wurde man in solchen Momenten zurechtgewiesen, weggeschickt oder Ähnliches?

Mir geht es an dieser Stelle nicht um Elternbashing. Kinder sind in ihrer Hilflosigkeit dafür prädestiniert, beschämt zu werden. Das lässt sich kaum vermeiden, passiert aber natürlich in unterschiedlichem Ausmaß. Ich möchte hier nur dafür plädieren, dass Sie freundlich mit sich selbst sind, falls Sie feststellen, dass Sie Angst vor negativen Reaktionen haben, sobald Sie Ihre emotionalen Bedürfnisse ausdrücken. Das gilt vor allem für Männer. Sie sind damit nicht allein.

Und gleichzeitig möchte ich Sie dazu ermutigen, mit dem Ausdruck Ihrer Bedürfnisse zu experimentieren, weil das Ihre Liebesbeziehung beleben könnte. Auch hier gibt es aber natürlich keine Garantie, dass Ihre Partnerin/Ihr Partner davon begeistert ist.

Warum erzählt sie mir das alles?

Wenn Sie das Vertrauen in Ihrer Partnerschaft beschädigt haben und es wieder aufbauen möchten, kommt es nach meiner Erfahrung als Paartherapeutin darauf an, dass Ihr Partner beziehungsweise Ihre Partnerin spüren kann, dass Sie nicht aus Bosheit oder Gleichgültigkeit, sondern aus einer Not heraus gehandelt haben, dass Sie das bereuen und dass Sie sich darum bemühen, sich in Zukunft anders zu verhalten, nämlich nicht verletzend.

An dieser Stelle möchte ich das Wort »spüren« betonen. Denn hier reicht ein abgeklärtes »Darüber-Reden« nicht aus. Es ist entscheidend, dass die andere Person sich in Sie hineinversetzen kann, und das kann sie nur, insofern Sie emotional beteiligt sind. Dazu müssen Sie aus Ihrem Schneckenhaus herauskommen, sich so zeigen, wie Sie wirklich sind, sich verletzlich machen.

Was kann schlimmstenfalls passieren? Angenommen, Ihre Partnerin oder Ihr Partner sagt oder tut etwas Gemeines, dann wissen Sie jetzt, dass das aus einer eigenen Not heraus passiert und dass Sie die Verletzung nicht annehmen müssen. Sie können sie zur Kenntnis nehmen, als Selbstschutzversuch verstehen und vorbeiziehen lassen. Ich behaupte nicht, dass das leicht wäre. Ich bin auch keine Meisterin darin, verletzendes Verhalten anderer Menschen als solches zu beobachten und nicht auf die Verletzung einzusteigen. Wir können das aber üben, so viel weiß ich. Das fällt uns leichter, wenn es uns gut geht. Sooft wir mit uns im Reinen, ausgeglichen und zufrieden sind, gelingt es uns, großzügig, geduldig und zugewandt zu sein. Diese Qualitäten im Kontakt mit anderen Menschen sind fast unmöglich, sobald wir gestresst, angespannt, unglücklich sind.

Es mag zunächst paradox erscheinen, aber es kann eine vertrauensbildende Maßnahme sein, sich besser um sich selbst zu kümmern. Das hat einerseits damit zu tun, dass sich wahrscheinlich generell das Miteinander entspannt, sobald es Ihnen gut geht. Zum anderen wird es auf Ihre Partnerin oder Ihren Partner eventuell entlastend wirken, im Falle, dass Sie Verantwortung für Ihr eigenes Wohlergehen übernehmen. Sie tun damit auch etwas für Ihre Beziehung und damit für die andere Person.

Nach vorne schauen: Was brauche ich vom wichtigsten Menschen in meinem Leben?

Nun kommen wir zu Ihren Erwartungen an Ihren Partner oder Ihre Partnerin. Kann es sein, dass Sie sich in der Vergangenheit gescheut haben, Ihre Bedürfnisse direkt und offen zu äußern? Oder dass Sie sie indirekt in Form von Vorwürfen zum Ausdruck gebracht haben? Falls ja, haben Sie eine Idee, was Sie davon abgehalten hat? Was ist Ihre Fantasie, was passieren würde, falls Sie Ihre Bedürfnisse in Worte fassen würden?

Und was sind Ihre Bedürfnisse, von denen Sie sich wünschen würden, dass sie in Ihrer Liebesbeziehung zu ihrem Recht kämen? Sehnen Sie sich nach mehr Zärtlichkeit? Oder einer anderen Form von Zärtlichkeit? Sehnen Sie sich nach mehr Wertschätzung, Bestätigung? Würden Sie gern mehr Leichtigkeit, Unbeschwertheit, Ausgelassenheit im Zusammensein mit Ihrer Partnerin oder Ihrem Partner erleben? Oder würden Sie sich wünschen, dass er oder sie unabhängiger wäre, eigenen Interessen mehr nachginge und eigene Interessen mehr pflegen würde?

Ich kann hier nur einige Bedürfnisse aufzählen, die mir häufig bei meiner Arbeit begegnen. Vielleicht haben Sie andere, die aus Ihrer Sicht sicherlich berechtigt sind. Haben Sie trotzdem Sorge vor der Reaktion Ihres Partners/Ihrer Partnerin, gesetzt den Fall, dass Sie Ihre Bedürfnisse äußern würden?

Viele Menschen fürchten sich davor, sich so zu zeigen, wie sie wirklich sind. Sie passen sich den vermeintlichen Erwartungen ihrer Mitmenschen an, um nicht abgelehnt zu werden. Dabei entsprechen ihre Vermutungen, was von ihnen erwartet wird, oft nicht der Realität. Und selbst wenn Sie richtig liegen und Ihrer Partnerin oder Ihrem Partner gefällt das Gesagte nicht – angenommen Sie sagen etwa, dass Sie sich nach mehr Nähe, mehr Leichtigkeit oder mehr Abstand sehnen –, sobald Ihr Bedürfnis ausgesprochen ist, können Sie darüber sprechen und verhandeln, wie eine für Sie beide auf die Dauer lebbare Lösung aussehen kann.

Was hält mich davon ab, mich so zu zeigen, wie ich wirklich bin? Dies ist eine zutiefst menschliche und wichtige Frage. Was könnte schlimmstenfalls passieren, gegebenenfalls, Sie sagten z. B. »Ich sehne mich nach mehr Nähe zu dir«, »Manchmal fühle ich mich wertlos«, »Ich habe Angst, dass ich dich nicht mehr lieben kann« oder »Ich brauche mehr Abstand«? Befürchten Sie, dass es dann zur Trennung kommt? Das wäre verständlich, vor allem, sofern wir uns daran erinnern, wie wichtig sichere Bindungen für uns alle sind.

Auch unter der Voraussetzung, dass Sie sich als Täter:in sehen oder so gesehen werden und den Eindruck haben, dass Sie gerade nicht das Recht haben, eigene Bedürfnisse zu äußern, ist es langfristig wichtig, zu schauen, ob auch Ihre Bedürfnisse in dieser Beziehung zu ihrem Recht kommen werden. Um diese Frage für sich klären zu können, müssen Sie Ihre Bedürfnisse aber zunächst einmal kennen.

Was brauchen Sie in dieser Liebesbeziehung, um auf lange Sicht Sie selbst sein zu können? Welche Bedürfnisse müssen erfüllt werden, damit Sie sich auf Dauer wohlfühlen und liebevoll sein können?

In welcher Hinsicht möchte ich wachsen?

Nachdem Sie in diesem Kapitel viel über die Bedeutung der Beziehungsgeschichte, Selbstregulierung und den Ausdruck von Bedürfnissen erfahren haben, möchte ich Ihnen noch eine Denkaufgabe geben, die vielleicht zum Wiederaufbau des Vertrauens in Ihrer Liebesbeziehung beitragen kann:

- *Worin besteht Ihre Entwicklungsaufgabe, die Sie bisher an Ihren Partner oder Ihre Partnerin delegiert haben?*
- *Was steht aktuell für Sie persönlich an?*
- *In welcher Hinsicht gilt es jetzt zu wachsen?*
- *Wo oder wann spüren Sie ein Sehnen oder eine Unruhe, die möglicherweise auf einen Entwicklungsimpuls hinweist?*

Mit Entwicklungsaufgabe ist gemeint, dass wir etwas Neues lernen beziehungsweise eine neue Fähigkeit entwickeln müssen. Bei Kindern sind Entwicklungsaufgaben meist leicht zu erkennen. Sie stehen z. B. vor der Herausforderung, Laufen oder Sprechen zu lernen. Die Entwicklungsaufgabe, Bedürfnisse aufschieben zu können, ist schon etwas differenzierter. Auch Erwachsene müssen sich im Laufe des Lebens weiterentwickeln, weil das Leben uns immer wieder vor neue Aufgaben stellt. Bei Erwachsenen ist es aber manchmal nicht leicht, zu erkennen, was es neu zu entwickeln gilt. Es geht darum, Gedanken und Gefühle, die uns behindern, selbstständig regulieren zu lernen. Ein Paar, das ein Haus auf dem Land bezog, als es ein Kind bekam, stand vor dem Problem, dass der Mann keinen Führerschein hatte. Bis zu diesem Zeitpunkt hatte er seiner Frau das Autofahren überlassen und die Bewältigung seiner Angst davor vermieden. In der neuen Wohnsituation mit schlechter Anbindung an den öffentlichen Nahverkehr kam es nun zu Paarkonflikten, weil die Frau sich mit der alleinigen Verantwortung für das Autofahren überlastet fühlte. Der Mann überwand schließlich seine Angst und machte seinen Führerschein.

Aufgeschobene Entwicklungsaufgaben machen uns Druck. Wir spüren eine diffuse Spannung, wenn wir uns einem Thema zuwenden, das wir am liebsten vermeiden würden. Wir Menschen entwickeln uns ein Leben lang weiter, und jede Lebensphase verlangt uns neue Anpassungen ab. Das kann als spannende Herausforderung, aber auch als unbequeme bis angstmachende Last empfunden werden.

Jelena, die anfangs zitierte Frau, die fremdgegangen war, wurde z. B. zunehmend bewusst, dass sie sich bis zu dieser Krise in ihrer Ehe nie gegen Herabsetzungen gewehrt, nie zu sich gestanden, nie ein autonomes Selbstbewusstsein entwickelt hatte. Stattdessen hatte sie es ihrem älteren und gebildeteren Mann überlassen, sie an seinem Status und Ansehen teilhaben zu lassen. Die Außenbeziehung erlebte sie wie eine Startrampe, von der aus sie begann, bewusst für sich zu sorgen. Dabei wurde sie selbstbewusster und unabhängiger.

Diese Entwicklung verunsicherte wiederum Jelenas Mann, der nun begann, seine eigene Abhängigkeit von der Aufwertung durch die jüngere und nun autonomere Frau zu spüren. Ihre Entwicklung löste starke Verlustängste bei ihm aus. Nun muss sich zeigen, ob diese Beziehung solche Veränderungen verkraftet und ein neues Gleichgewicht findet.

Dieses Beispiel macht deutlich, dass Liebesbeziehungen sich notwendigerweise weiterentwickeln müssen, weil auch die einzelnen Menschen es tun. Außerdem zeigt es, dass das Vermeiden von Entwicklung

Leid verursacht. Gleichzeitig geht psychisches Wachstum nicht ohne Schmerzen vonstatten.

Ich muss also wieder einmal sagen: Leicht ist es nicht, Vertrauen aufzubauen. Denn es gehört Mut dazu, sich den eigenen Entwicklungsthemen zu stellen, statt den Partner oder die Partnerin für die eigene Unzufriedenheit verantwortlich zu machen. Zudem ist es oft schwierig, für sich zu erkennen, was gerade entwickelt werden will, und wenn Sie sich entwickeln, muss es Ihr:e Partner:in auch, soll die Beziehung nicht zerbrechen. Kein Wunder also, falls Sie sich scheuen, einen Stein ins Rollen zu bringen: Sie wissen nicht, wo er landen und was dabei herauskommen wird!

Wollen Sie es trotzdem wagen, sich und damit auch in Ihrer Partnerschaft etwas zu verändern, hilft der Blick zurück zum Anfang der Beziehung dabei, sich eine grundsätzliche Logik in der Partnerschaft bewusst zu machen. In einer aktuellen Krise lässt sich dann meistens eine Parallele zwischen damals und heute ziehen. Häufig zeigt sich ein gemeinsames Entwicklungsthema des Paares immer wieder in neuer Form.

Bei Paaren, die in eine Paarberatung kommen, ist regelmäßig zu beobachten, dass sie beim Kennenlernen den Eindruck hatten, einander zu ergänzen. Die Leichtigkeit, die wir in der Verliebtheitsphase erleben, hat damit zu tun, dass wir uns unbewusst Partner:innen aussuchen, die etwas mitbringen, das wir selbst noch nicht entwickelt haben. Mark hatte z. B. ein geringes Selbstwertgefühl und fühlte sich durch die Aufmerksamkeit seiner deutlich jüngeren und auffallend hübschen jetzigen Frau aufgewertet. Statt also zu lernen, selbstständig sein Selbstwertgefühl zu stabilisieren, hoffte Mark unbewusst, diese Aufgabe an seine Partnerin abgeben zu können.

Mark und seine Frau sind nun mit der Entwicklungsaufgabe beschäftigt, ein von der Partnerin beziehungsweise dem Partner unabhängiges Selbstwertgefühl zu entwickeln. Zu Beginn ihrer Beziehung glaubte die Frau unbewusst, dieser Mann besäße so viel männliches Selbstbewusstsein, dass seine Zuwendung ihren eigenen Mangel an Selbstwertgefühl als Frau ausgleichen würde. Er wiederum glaubte, ihre weibliche Attraktivität würde seine unbewussten Zweifel an seiner Männlichkeit heilen. Dieser geheime Vertrag schien eine Zeit lang zu funktionieren.

Der Ursprung eines Mangels an Selbstwertgefühl liegt in der Kindheit und ist nicht von heute auf morgen zu beheben. Es gehört Mut dazu, sich diesem Thema zu stellen, weil es mit Trauer verbunden ist. Insofern ist es allzu verständlich, wenn Menschen ihre Hoffnung auf Erleichterung in einer Partnerschaft setzen. Leider kann uns aber kein:e Partner:in auf Dauer unsere Entwicklungsaufgaben abnehmen. Früher oder später entstehen Enttäuschungen: Der unausgesprochene Vertrag lässt sich nicht unbegrenzt erfüllen. Kein Mensch kann langfristig grundlegende seelische Funktionen eines anderen ersetzen. Das ist schlicht zu anstrengend. Und zudem entsteht auch bei der empfangenden Partei ein Unwohlsein, ein Gefühl von riskanter Abhängigkeit. Denn selbst der wohlwollendste Mensch ist nicht immer verfügbar.

Solche gegenseitigen Abhängigkeiten kommen in fast jeder Partnerschaft vor und führen dazu, dass wir die eine oder andere ursprünglich so reizvolle Eigenschaft des Partners oder der Partnerin selbst entwickeln müssen.

Wundern Sie sich, dass es in einem Kapitel über die Wiederherstellung von Vertrauen so wenig um Wiedergutmachung geht? Das hat damit zu tun, dass die Wiedergutmachung bei Vertrauensbrüchen zwischen Partner:innen meiner Erfahrung nach vor allem darin besteht, dass Sie Ihrer Partnerin oder Ihrem Partner glaubhaft vermitteln, dass Sie sich ab jetzt um einen ehrlichen und lückenlosen Austausch über die bedeutsamen Dinge in Ihrem gemeinsamen Leben bemühen, sodass weitere Verletzungen unwahrscheinlich werden.

Es kann sein, dass Sie mit den in diesem Kapitel gestellten Fragen und den vorgeschlagenen Experimenten zu dem Schluss kommen, dass die Liebesbeziehung, in der Sie leben, nicht entwicklungsfähig ist oder Ihren Bedürfnissen nicht gerecht wird. Vielleicht hat es zu viele Verletzungen gegeben, oder Sie und Ihr Partner beziehungsweise Ihre Partnerin haben sich bereits sehr weit auseinanderentwickelt und Ihre Bedürfnisse lassen sich nicht mehr miteinander vereinbaren. Zu dieser Erkenntnis zu kommen ist das Risiko, das wir eingehen, wenn wir uns in unserer Liebesbeziehung so zeigen, wie wir wirklich sind.

KAPITEL DREI

ICH FÜHLE MICH EINGEENGT

»Er nimmt mir die Luft zum Atmen«, sagt Corinna über ihren Ehemann Jens. Sie hatte nach 27 Jahren Ehe eine Nacht mit einem anderen Mann verbracht und diese sehr genossen. Im Zusammensein mit ihm fühlte sie sich plötzlich entspannt, fröhlich und lebenslustig. In der Gegenwart ihres Mannes dagegen empfindet sie eine bedrückende Enge. Das Ehepaar unternimmt viel mit seinen inzwischen erwachsenen Kindern, die noch im Elternhaus wohnen. Jens tut »alles« für sie, und sie haben regelmäßig Sex, den sie als »okay, keine Qual« bezeichnet. Corinna erlebt ihren Mann als stark belastet durch Schwierigkeiten mit Kollegen und seiner Herkunftsfamilie und zugleich auf sie fixiert, ohne bedeutsame andere Kontakte zu haben.

Die Regulierung von Nähe und Distanz stellt für alle Paare eine Herausforderung dar. Das Bedürfnis nach Nähe ist individuell unterschiedlich ausgeprägt und verändert sich im Laufe der Zeit. Außerdem kann es sich auf unterschiedliche Lebensbereiche beziehen, was Konfliktpotenzial birgt. Ein klassischer Unterschied beim Nähebedürfnis besteht z. B. darin, dass sich der Mann oftmals mehr Sex wünscht, die Frau mehr Gespräche über Gefühle. Manchmal hat es viel mit der aktuellen Lebenssituation zu tun, wenn wir uns wie in einem Korsett fühlen, manchmal scheint es am Verhalten der Partnerin oder des Partners zu liegen, das als klammernd erlebt wird.

In welcher Hinsicht fühle ich mich eingeengt?

Will er/sie mehr Zeit mit Ihnen verbringen, als Ihnen recht ist? Will er/sie stets wissen, wo Sie sind und was

Sie gerade tun? Oder geht es eher darum, wie Sie Dinge tun? Fühlen Sie sich beobachtet oder kontrolliert? Vielleicht haben Sie auch den Eindruck, dass Ihr:e Partner:in so viel Aufmerksamkeit oder Zuwendung von Ihnen braucht, dass Ihnen nicht genügend Energie bleibt, um Dinge zu tun, bei denen Sie wieder Kraft tanken oder sich entspannt und unbeschwert fühlen. Oder haben Sie Pläne für sich, die unvereinbar erscheinen mit dem gemeinsamen Leben in Ihrer Partnerschaft? Eine Fortbildung z. B. oder eine berufliche Veränderung oder neue menschliche Kontakte?

Das wären allesamt nachvollziehbare Wünsche. Haben Sie schon eine Idee, was Ihre Partnerin oder Ihren Partner dazu bewegt, sich so zu verhalten, dass Sie sich gebremst fühlen? Sie oder er wird subjektive Gründe dafür haben. Sobald Sie verstehen, welches Bedürfnis hinter diesem Verhalten steht, ist dieses vielleicht etwas leichter zu ertragen. Und ein ruhiges, von Interesse und Respekt getragenes Gespräch könnte Ihrer Partnerin oder Ihrem Partner helfen, sich der eigenen und auch Ihrer Bedürfnisse bewusster zu werden. Bewusstheit ist die Voraussetzung dafür, gezielt etwas verändern zu können. Vermutlich macht sie oder er sich Sorgen darüber, wie sicher Ihre Bindung zueinander ist. Womöglich genügt es, zu vermitteln, dass Ihr Bedürfnis nach Freiraum nicht bedeutet, dass Sie Ihre Liebesbeziehung infrage stellen – wenn es so ist.

Hiermit will ich ausdrücklich nicht sagen, dass Sie Verhaltensweisen, die Sie als einengend empfinden, einfach akzeptieren sollten. Eine Zunahme an gegenseitigem Verständnis kann nur ein erster Schritt sein, um die Beziehungssituation zu entschärfen. Vielleicht scheuen Sie vor einem Gespräch über Ihr Gefühl von

Einengung zurück aus Sorge, Ihr:e Partner:in könnte verletzt sein oder es könnte sich ein Streit entwickeln? Diese Gefahr ist erfahrungsgemäß gering, sofern Sie konsequent von sich sprechen, ohne Vorwürfe, Bewertungen oder Deutungen des Verhaltens Ihrer Partnerin oder Ihres Partners zu formulieren. Trotzdem lässt sich selbst bei sehr achtsamer Kommunikation nicht gänzlich ausschließen, dass sie oder er gekränkt oder verärgert reagiert, wenn Sie mitteilen, dass Sie etwas anderes wollen als Ihr Gegenüber. Letztlich fragt sich, was langfristig schlimmer ist: sich dauerhaft eingeengt zu fühlen oder gelegentlich einen Konflikt auszuhalten?

Wie gebunden will ich sein?

Eine Liebesbeziehung ist für die meisten Menschen nicht ohne ein gewisses Maß an Bindung denkbar. Am Anfang, in der Verliebtheitsphase, besteht die Bindung vor allem in der Leidenschaft, in der sich die Verliebten zueinander hingezogen fühlen. Zunächst haben die Liebenden in dieser Zeit meistens noch ihre jeweils eigenen Freundeskreise und Aktivitäten, denen sie nachgehen, wobei manche Menschen dazu neigen, sehr schnell Eigenes aufzugeben und sich auf den Partner oder die Partnerin zu konzentrieren.

In späteren Phasen der Beziehung rücken oft Verpflichtungen wie die Versorgung von Kindern, die Organisation des Haushalts oder die finanzielle Absicherung in den Vordergrund. Im Trubel des Alltags verlieren manche Paare aus den Augen, dass ihre Liebe kein Selbstläufer und zugleich die Grundlage ihres gemeinsamen Lebens ist. In dieser Zeit besteht die Gefahr, die andere Person für Begrenzungen durch Verpflichtungen verantwortlich zu machen, die man selbst freiwillig eingegangen ist.

In sehr langjährigen Beziehungen entsteht schließlich eine Vertrautheit, die verbindend wirkt. Man kennt einander sehr gut, hat viel zusammen erlebt und bewältigt und teilt gemeinsame Erinnerungen. Diese Vertrautheit stellt einerseits einen Schatz dar, andererseits birgt sie eine starke Festlegung, weil man die Lebensuhr nicht zurückdrehen und die durchlebten Erfahrungen eben nur mit diesem einen Menschen teilen kann. Nicht jeder Mensch möchte alle diese Phasen in einer Partnerschaft durchleben. Der Zauber des Anfangs ist für manche Menschen sehr verlockend. In der Verliebtheit erfahren wir eine Freude und eine Bestätigung unseres Selbstwerts durch einen anderen Menschen, die geradezu Flügel verleihen kann. Sobald die anfängliche Verliebtheit nachlässt, wird es notwendig, wiederholt Kompromisse zu finden und damit auch, auf Eigenes zu verzichten. Das kann als einengend erlebt werden, und manche Menschen sind nicht bereit, dieses Gefühl auszuhalten.

Wie geht es Ihnen, während Sie das lesen? Finden Sie sich in der Idee wieder, dass Sie lieber immer wieder die Verliebtheit leben möchten, als ein gemeinsames Leben aufzubauen, zu dem auch Verpflichtungen gehören? Das wäre verständlich, zumal andere Lebensbereiche uns auch Begrenzungen auferlegen. Man denke nur an die Anpassungen, die Freundschaften uns abverlangen können. Sie halten nur dann über eine längere Zeit, wenn wir uns auf die verschiedenen Individuen einstellen und so manche sperrige Eigenart um anderer liebenswerter Eigenschaften willen akzeptieren. Und auch im Arbeitsleben müssen wir sehr flexibel sein, um uns dort einzufügen und die an uns gestellten Erwartungen zu erfüllen.

Hat die Enge mit meiner aktuellen Lebenssituation zu tun?

Wie erleben Sie Ihre Lebenssituation? Bringt sie Herausforderungen oder Verpflichtungen mit sich, die Ihnen zu schaffen machen? Haben Sie eine Verantwortung zu tragen, die neu für Sie ist? Sind Sie mit Belastungen konfrontiert, von denen Sie sich überfordert fühlen? Haben Sie kleine Kinder oder pflegebedürftige Eltern? Oder steht Ihr:e Partner:in vor einer Herausforderung und Sie fühlen sich genötigt, diese mitzutragen?

Ich erlebe es häufig, dass Partner:innen einander vorwerfen, sich einzuengen, wenn beide sich überfordert fühlen. Das ist insbesondere der Fall, sobald sie kleine oder kranke Kinder oder andere Angehörige zu versorgen haben oder vor anderen Herausforderungen stehen wie z. B. beruflichen Veränderungen. Schwierig kann auch ein Wohnortwechsel sein mit der Folge, dass es wenige soziale Kontakte gibt. Von außen betrachtet erscheint es mir manchmal aufgrund der Situation unvermeidlich, dass eine:r der Partner:innen oder noch öfter beide gleichzeitig unter Druck stehen. Und doch wirft eine:r der beziehungsweise dem anderen vor, ihr oder ihm keinen Freiraum zu lassen.

Was kann ich tun?

Wenn Sie sich eingeengt fühlen, ist es sinnvoll, mit Ihrer Partnerin oder Ihrem Partner darüber zu sprechen, wie er oder sie die aktuelle Situation erlebt. Versuchen Sie dabei, aktiv, das heißt aufmerksam zuzuhören, bis er oder sie signalisiert, ausgeredet zu haben. Bevor Sie antworten, atmen Sie tief durch und halten Sie noch einen Moment inne. Beobachten Sie Ihre Gefühle und körperlichen Empfindungen. Da Sie sich eingeengt fühlen, haben Sie womöglich momentan das Bedürfnis, sich verbal oder körperlich Raum zu verschaffen, was auf die andere Person erschreckend und verletzend wirken könnte. Bemühen Sie sich daher um eine Entschleunigung und Beruhigung Ihrer Kommunikation.

Fassen Sie anschließend mit Ihren eigenen Worten zusammen, was Sie glauben, bei Ihrem Gegenüber verstanden zu haben. Wenn Ihr Partner oder Ihre Partnerin bestätigt, dass Sie ihn oder sie richtig verstanden haben, teilen Sie mit, was das Gesagte bei Ihnen auslöst. Vielleicht müssen Sie aber auch noch einmal nachfragen und brauchen mehr Informationen, bis Sie das Gefühl haben, nachvollziehen zu können, wie es Ihrer Partnerin oder Ihrem Partner mit der fraglichen Situation geht. Falls das so ist, teilen Sie ihm oder ihr das mit. Was passiert jetzt emotional bei Ihnen? Entsteht innerlich mehr Weite oder empfinden Sie eher einen Widerstand, sträubt sich etwas in Ihnen?

Depression und Eifersucht

Vielleicht geht es Ihnen so, dass Sie Ihre:n Partner:in als unglücklich erleben und zugleich den Eindruck haben, dass er oder sie sich an Sie klammert, statt sich um eine Verbesserung seiner/ihrer persönlichen Situation zu bemühen. Niedergeschlagenheit und die Neigung zu Eifersucht rufen in Partner:innen häufig Fluchtimpulse hervor. Sie fühlen sich unter Druck und haben dann den inneren Drang, auszubrechen.

Wenn Ihr:e Partner:in das Interesse an Dingen verliert, die früher Spaß machten, morgens schlecht aus dem Bett kommt, häufig gedrückter Stimmung ist, sich sozial zurückzieht und Sie fortwährend mehr Aufgaben für ihn oder sie übernehmen, ist das vermutlich sehr belastend für Sie. Sollte dieser Zustand längere Zeit anhalten, ist es wichtig, dass Sie möglichst gut für sich sorgen und Ihrem Partner oder Ihrer Partnerin empathisch begegnen und zugleich Grenzen setzen. Sie oder er ist, bei allem Verständnis, selbst verantwortlich für das eigene Verhalten und den eigenen Zustand. Sie können einer anderen Person diese Verantwortung nicht abnehmen. Das bedeutet auch, dass Sie ihn oder sie nicht therapieren können. Das können nur Fachleute. – Mir ist sehr bewusst, dass dies alles wesentlich leichter gesagt ist als getan.

Bei depressiven Stimmungen gibt es ein breites Spektrum von Schweregraden und unterschiedlichen Symptomen. Sollten Sie sich aber von der Verfassung Ihrer Partnerin oder Ihres Partners und der Atmosphäre zu Hause dauerhaft belastet und beengt fühlen, kann ein offenes, ehrliches Gespräch ohne Vorwürfe ein Schritt in Richtung mehr Selbstbestimmung sein. Und bedenken

Sie auch: Falls Sie sich aufopfern, bekommt Ihre Partnerin oder Ihr Partner möglicherweise Schuldgefühle, die ihn oder sie zusätzlich belasten. Wann immer Sie dagegen dafür sorgen, dass es Ihnen gut geht, entlastet das Ihr Gegenüber und Ihre Beziehung zueinander.

Machen Sie sich Sorgen um Ihre Partnerin oder Ihren Partner? Nehmen Sie diese Sorgen ernst und sprechen Sie sie aus. Depressionen sind weitverbreitet und es ist keine Schande, sich professionelle Unterstützung zu holen.

Die oben erwähnte Frau, Corinna, litt darunter, dass ihr Mann Jens niemandem außer ihr vertraute und sich sozial zunehmend isolierte. Je weniger freundschaftliche und kollegiale Kontakte er hatte, desto mehr konzentrierte er sich auf sie und desto weniger tolerierte er es, wenn sie eigenen Interessen unabhängig von ihm und der Familie nachging. Corinna wagte es nicht, ihm zu sagen, wie sie sich fühlte, aus der Befürchtung heraus, dann würde es ihm noch schlechter gehen und er würde sie daraufhin noch mehr bedrängen. Dabei wurden ihre Gefühle ihm gegenüber immer negativer, was ihn dazu veranlasste, sie noch mehr zu kontrollieren – ein Teufelskreis.

Es ist sehr bedrückend, wenn der Partner oder die Partnerin leidet, deprimiert ist oder sich hilflos fühlt und nicht weiterweiß. Wir wollen ja in guten wie in schlechten Zeiten füreinander da sein, Unterstützung anbieten, hilfsbereit sein. Das sind wundervolle Werte, die eine Liebesbeziehung kostbar machen und tatsächlich manche Durststrecke im Leben überbrücken helfen. Sollte die Durststrecke allerdings übermäßig lange andauern, kann es passieren, dass auch Ihnen die Puste ausgeht.

Unter Umständen ist auch eine ausgeprägte und anhaltende Eifersucht eine Belastungsprobe für eine Liebesbeziehung. So schmeichelhaft es anfangs sein mag, wenn der Partner oder die Partnerin Angst hat, Sie zu verlieren, so beengend kann es sich anfühlen, sollten Vorwürfe und Kontrolle Sie auf die Dauer gesehen dazu verleiten, konfliktträchtige Begegnungen zu verschweigen oder zu vertuschen. Denn dann fühlen Sie sich nicht nur bald in einem engen Korsett, sondern das Misstrauen Ihres Partners oder Ihrer Partnerin wird auch noch geschürt. Er oder sie wird spüren oder erfahren, dass Sie etwas verheimlichen, und sich dadurch im Eifersuchtsgefühl bestätigt fühlen.

»Eifersucht ist eine Leidenschaft, die mit Eifer sucht, was Leiden schafft.« Dieser Spruch enthält aus meiner Sicht viel Wahrheit, denn Menschen, die eifersüchtig sind, leiden sehr und wissen nicht, wie sie sich helfen könnten. Außerdem ist Eifersucht ein starkes, wenn man so will leidenschaftliches Gefühl. Allerdings finde ich nicht, dass eifersüchtige Menschen »mit Eifer suchen«, was sie leiden lässt. Meiner Erfahrung nach haben sie durchaus gute Gründe, an der Liebe ihres Partners oder ihrer Partnerin zu zweifeln. Allerdings leiden sie sehr unter dieser Verunsicherung und reagieren mit kontrollierendem Verhalten, statt sich vom Verhalten des Partners/der Partnerin unabhängiger zu machen.

Ein Mann, den ich hier Max nenne, war kurz nach seiner Heirat fremdgegangen. Er verheimlichte seiner Ehefrau Anna, dass er die Frau, mit der er die Affäre gehabt hatte, ungeplant wiedergetroffen hatte. Er wollte den Konflikt mit Anna vermeiden. Diese erfuhr allerdings zufällig durch eine Bekannte von der Begegnung und warf Max vor, unehrlich zu sein, statt mit offenen Karten zu spielen. Er wiederum hielt Anna vor, schon von Beginn an eifersüchtig gewesen und völlig irrational zu sein, weshalb er davon ausgegangen sei, dass sie auch auf einen ehrlichen harmlosen Bericht mit Eifersucht reagieren würde. Er sei dessen müde. Kurz darauf begibt sich Max in eine Einzeltherapie, um für sich zu klären, warum er immer wieder fremdgeht. Auch Anna beginnt eine Einzeltherapie, um ihre Eifersucht zu überwinden. Dabei wird ihr bewusst, dass sie sehr wenig Selbstwertgefühl besitzt und sich nicht vorstellen kann, dass ihr Mann um ihrer selbst willen bei ihr bleibt.

Wenn Ihre Partnerin oder Ihr Partner Ihnen über eine längere Zeit hinweg vermittelt, dass sie/er Sie in einer Weise braucht, die erfordert, dass Sie eigene Bedürfnisse zurückstellen, ist möglicherweise eine Abhängigkeit zwischen Ihnen entstanden.

- *Fühlen Sie sich in einer sehr fürsorglichen, Halt gebenden Rolle, die Ihnen manchmal zu viel wird?*
- *Haben Sie bisweilen den Eindruck, dass Sie nicht frei entscheiden können, ob Sie Ihren Partner oder Ihre Partnerin unterstützen möchten oder nicht, weil er/sie auf Sie angewiesen scheint?*

Das ist eine Rolle, die viele Menschen gern übernehmen. Es fühlt sich gut an, gebraucht zu werden.

Falls Sie aber den Eindruck haben, dass Ihnen psychisch die sprichwörtliche Luft zum Atmen ausgeht, ist es vielleicht an der Zeit, sich zu fragen, ob Sie gut genug für sich selbst sorgen. Haben Sie die innere Erlaubnis, Nein zu sagen und Ihrer Partnerin oder Ihrem

Partner zuzumuten, dass er/sie die Verantwortung für sich selbst übernimmt? Oder tragen Sie etwas mit und erhalten so eine Situation aufrecht, die auf die Dauer gesehen unerträglich ist? Viele Menschen haben innere Glaubenssätze, die ihrer Selbstfürsorge im Wege stehen, wie »Ich bin nicht wichtig« oder »Mir darf es nicht gut gehen, wenn es einem Familienmitglied schlecht geht«. Stellen Sie sich bitte einmal vor, Sie würden nichts an Ihrer Beziehungssituation verändern. Sie lebten genauso weiter wie jetzt. Wo wären Sie dann in fünf Jahren? Wie sähe Ihre Partnerschaft zu diesem Zeitpunkt aus und wie würde es Ihnen gehen? Ist das innere Bild von dieser Zukunft verlockend?

Beschränke ich mich selbst?

Diese Frage mag zunächst konfrontativ klingen. Ich stelle sie aus der Erfahrung heraus, dass es jenseits der Partnerschaft meistens auch in der Person selbst liegende, unbewusste Faktoren gibt, die dazu führen, dass Menschen sich eingeengt fühlen. Was hält Sie davon ab, im Gespräch mit Ihrer Partnerin oder Ihrem Partner freundlich und zugleich klar mitzuteilen, was Sie möchten und was nicht? Was ist Ihre Fantasie, was passieren würde, sobald Sie es täten? Was könnte schlimmstenfalls passieren? Welche Reaktion würden Sie sich wünschen? Was würde sich in Ihrer Partnerschaft verändern, wenn Sie sich mehr Raum nehmen oder aus Ihrer bisherigen Rolle in Ihrer Liebesbeziehung aussteigen würden?

Veränderungen machen Angst, denn letztlich wissen wir nie so ganz genau, wohin sie führen. Ich erlebe es immer wieder, dass Paare unglückliche Umstände aufrechterhalten, weil diese immerhin vertraut sind. Da weiß man, was man hat. Ängste sind verständlich und sollten ernst genommen werden.

In dem Moment, als Corinna ihrem Mann sagte, dass sie fremdgegangen war, begann er, noch mehr Zeit mit ihr zu verbringen. Er wollte ständig wissen, wo sie mit wem was unternahm. Wann immer sie zu Hause ein Buch lesen wollte, verlor Jens die Fassung und ließ sich nur beruhigen, indem sie sich mit ihm befasste.

Die Angst dieser Frau, dass ihr Mann es schlecht verkraften würde, wenn sie sich distanzieren würde, war also berechtigt. Und zugleich sind Ängste kein Grund, etwas nicht zu tun. Sie sind nur eine Botschaft unseres Organismus, dass Vorsicht geboten ist, dass wir aufmerksam sein und gut für uns sorgen sollten.

Das beschriebene Paar erlebte tatsächlich eine dramatische Veränderung, als Corinna aufhörte, die gewohnte Art des Zusammenlebens mit all den Ritualen und Aktivitäten mitzumachen, die ein intaktes Familienleben aufrechterhalten sollen. Sie sagte Jens, dass sie ausziehen wolle. Daraufhin brach er zusammen und begab sich in die Psychiatrie. Corinnas jahrelange Sorge, dass etwas Schlimmes passieren würde, sobald sie sich mehr abgrenzen würde, war also berechtigt.

Oft sind aber die Personen, die sich mehr Freiraum für sich wünschen, positiv überrascht, wie gut ihr:e Partner:in diesen Wunsch aufnimmt. Dabei ist es, wie gesagt, entscheidend, wie der Wunsch mitgeteilt wird. Manchmal stellt sich auch heraus, dass Befürchtungen, der Wunsch nach mehr Freiraum könnte die Beziehung gefährden, weniger mit der aktuellen Beziehung als mit früheren Erfahrungen, vielleicht aus der Kindheit, zusammenhängen.

Wenn Sie sich stark auf eine Rolle festgelegt fühlen, in der Sie eigene Bedürfnisse zurückstellen und fürsorglich und unterstützend für Ihre:n Partner:in da sind, hat das eventuell auch mit Ihrer Rolle in Ihrer Herkunftsfamilie zu tun. Kann es sein, dass auch dort von Ihnen erwartet wurde, dass Sie sich zurücknehmen und sich um andere kümmern? Galt es in Ihrer Familie als egoistisch, Grenzen zu setzen, Nein zu sagen?

Bitte überlegen Sie in Ruhe, welche Glaubenssätze Ihnen in Ihrer Kindheit über Sie als Mensch vermittelt wurden. Wahrscheinlich gibt es mehrere. Welcher erscheint Ihnen im Moment am bedeutsamsten?

Nehmen Sie sich die Zeit, diesen Satz innerlich zu betrachten. Womöglich haben Sie sogar den Mut, ihn einmal laut zu sagen. Welche Gefühle kommen dabei auf? Nehmen Sie sich auch dafür Zeit. Was spüren Sie? Passt dieser Satz heute noch für Sie, oder wollen Sie ihn ersetzen?

Wie ich mich selbst befreien kann

Wir alle haben Zuschreibungen unserer Bezugspersonen verinnerlicht. Diese Zuschreibungen können stärkend oder schwächend wirken. Es gibt viele innere Sätze, die in der Kindheit entstanden sind und die uns schwächen. Als Erwachsene können wir diese durch Sätze ersetzen, die uns stärken und ermutigen. Wie wäre es mit »Ich bin wertvoll« oder »Ich darf glücklich sein« oder »Ich darf für mich sorgen«? Vielleicht passt einer dieser Sätze für Sie, vielleicht lautet Ihr Ermutigungssatz anders. Welcher Satz öffnet eine innere Tür? Wie fühlt es sich an, ihn sich innerlich zu sagen? Vorausgesetzt, dass Sie einen Satz gefunden haben, der gefühlsmäßig Weite schafft, können Sie diesen auch aufschreiben und irgendwo aufbewahren, wo Sie ihn gelegentlich sehen, sodass er Sie daran erinnert, wie Sie sich selbst befreien können.

Eine andere Möglichkeit besteht darin, zu überlegen, was Sie einem guten Freund sagen würden, wenn der Ihnen erzählen würde, dass er sich eingeengt fühlt. Vermutlich hätten Sie den Impuls, ihn zu ermutigen, für sich zu sorgen, möglichst ohne den Partner oder die Partnerin zu verletzen, aber auch ohne eine Art von Rücksichtnahme, die wiederum den Partner oder die Partnerin eventuell in der Entwicklung bremst. Insofern wir nämlich anderen Menschen regelmäßig Dinge abnehmen, die sie selbst erledigen oder bewältigen können, behindern wir sie langfristig in ihrer Entwicklung. Rein entwicklungspsychologisch betrachtet ist es so gesehen also eine Win-win-Situation, dafür zu sorgen, dass Sie sich frei fühlen, Ihren eigenen Bedürfnissen nachzugehen, statt sich einengen zu lassen. Zur Sicherheit sei noch gesagt, dass ich natürlich nicht für rücksichtslosen Egoismus plädiere. Ich plädiere nur dafür, dass die Bedürfnisse beider Partner:innen gleichermaßen zu ihrem Recht kommen.

Aber zusätzlich verkompliziert wird es ja, wenn unsere Bedürfnisse nicht nur (scheinbar) denen unseres Gegenübers widersprechen, sondern wir selbst Bedürfnisse haben, die einander widersprechen.

Wie sieht die andere Seite
der Medaille aus?

Wir Menschen wollen am liebsten alles haben, und das am liebsten gleichzeitig. Wäre es z. B. nicht wunderbar, in einer Liebesbeziehung zu leben, von der Sie wüssten, dass Sie auf keinen Fall verlassen werden, und die zugleich erotisch aufregend wäre? Oder mit einer Person zusammen zu sein, die Sie bedingungslos akzeptiert, wie Sie sind, und zugleich zu jedem Abenteuer bereit ist und vor Ideen sprudelt?

Kennen Sie Paare, die das alles haben? Ich nicht. Wo Licht ist, ist auch Schatten und umgekehrt – offenbar auch in Paarbeziehungen. Die andere Seite der Medaille »Einengung« könnte nämlich z. B. sein, dass jemand, der mich braucht, mich wahrscheinlich nicht verlassen wird. Manche Menschen halten Beziehungssituationen aus, die von außen betrachtet unerträglich erscheinen. Sie bleiben in Beziehungen, in denen sie verletzt oder in ihren Entwicklungsmöglichkeiten eingeschränkt werden. Ein Vorteil dessen kann sein, dass sie nicht verlassen werden. Für manche Menschen ist die Angst vor dem Verlassenwerden so groß, dass sie bereit sind, einen hohen Preis dafür zu zahlen, davor sicher zu sein. Haben Sie Angst davor, allein zu sein, ohne Partnerschaft? Was wäre das Schlimme daran?

Wenn Sie zögern, das Gefühl, durch Ihre:n Partner:in eingeengt zu werden, anzusprechen, haben Sie gute Gründe dafür. Es erscheint mir nur wichtig, dass Sie sich diese bewusst machen. Denn sobald Sie wissen, was Sie davon abhält, sich Luft und das zu verschaffen, wonach Sie sich sehnen, können Sie gezielter Gewinn und Preis abwägen.

Wie gesagt: Angst allein ist ein schlechter Ratgeber. Wenn wir Angst empfinden, neigen wir zu sogenannten Fight-Flight-Freeze-Reaktionen. Das bedeutet, dass wir wie in einem Tunnelblick nur entwicklungsgeschichtlich alte Reaktionsmuster zur Verfügung haben, nämlich Kämpfen, Fliehen oder Erstarren. In dieser Verfassung ist es wahrscheinlich, dass Sie verletzende Dinge sagen, weggehen oder schweigen. Solche Reaktionen führen in Liebesbeziehungen selten weit. Sollte es Ihnen dagegen gelingen, Ihre Angst wahrzunehmen und sich zugleich in Erinnerung zu rufen, dass Menschen entwicklungsfähig sind, wird es Ihnen vielleicht möglich, besonnen zu handeln und in einem guten Kontakt mit Ihrem Partner oder Ihrer Partnerin zu bleiben. Auf diese Weise können unangenehme Gefühle als eine Information unseres Organismus verstanden werden, dass es gilt, nicht impulsiv zu handeln, sondern mit Besonnenheit einen mittleren Weg zu suchen.

Ein mittlerer Weg kann z. B. darin bestehen, sich klarzumachen, dass es anstelle von »Trennung« oder »weiter wie bisher« noch eine dritte Möglichkeit gibt. Diese könnte etwa darin bestehen, sich kleine Auszeiten zu nehmen, in denen Sie Ihren Interessen nachgehen, sich mit Ihren Freund:innen treffen, eine Weiterbildung machen oder was es eben gerade ist, was Ihnen fehlt. Das ist dann keine Absage an Ihre Beziehung, sondern ein Kompromiss, der für beide Partner:innen tragbar sein könnte.

Als Corinna, die das Gefühl hatte, ihr Mann nehme ihr die Luft zum Atmen, ihm sagte, dass sie sich eine eigene Wohnung nehmen wolle, brach er zusammen. Daraufhin begann er eine Psychotherapie und setzte sich zum ersten Mal mit seiner seit 25 Jahren bestehenden Suchterkrankung auseinander. Diese hatte Corinna jahrelang letztlich mitgetragen aus der Angst heraus, verlassen zu werden und ihre Familie und ihren luxuriösen Lebensstil zu verlieren. Die Entwicklung dieses Paares macht mich nachdenklich. Es stellen sich Sinnfragen: Worum geht es im Leben? Um Kontinuität? Um Stabilität? Um Prestige? Um das Bild einer heilen Familie? Selbstverwirklichung? Wahrhaftigkeit? Immer mehr »ich selbst werden« oder »mir selbst entsprechen«? Fakt ist, dass Jens nicht mehr lange gelebt hätte, wenn er seinen Alkoholkonsum nicht gesenkt hätte. Fakt ist auch, dass Corinna ihre Ehe nicht mehr in derselben Weise weiterleben konnte, nachdem sie einmal die Erfahrung gemacht hatte, zu welchem Glück sie fähig ist. Ohne die Entwicklung von Corinna und Jens bewerten zu wollen, bestätigt sie meine Erfahrung, dass wir Menschen uns unser Leben lang weiterentwickeln, und falls wir das zu verhindern versuchen beziehungsweise Entwicklungsschritte vermeiden, entsteht Unglück.

Bei diesem Paar besteht der mittlere Weg darin, dass Corinna eine räumliche Distanz zu ihrem Mann herstellt, indem sie sich eine eigene Wohnung sucht. So schafft sie sich eine Privatsphäre, in der sie die Luft zum Atmen bekommt, nach der sie sich sehnt. Jens ist zu diesem Zeitpunkt nicht in der Lage, ihr diese von sich aus einzuräumen. Jede Abgrenzung ihrerseits, wie das Lesen eines Buches, wenn er ihre Zuwendung will, empfindet er als Zurückweisung. Indem Corinna auszieht, mutet sie Jens zu, sich selbst emotional zu stabilisieren und seine Zeit selbstständig zu gestalten.

Liebesbeziehungen werden durch die Eigenständigkeit der Partner:innen als Individuen gefestigt. Mit Eigenständigkeit ist gemeint, dass beide von der anderen Person unabhängige Lebensbereiche von Interessen, Beziehungen und Aktivitäten haben und in der Lage sind, ihre Emotionen selbst zu regulieren. Natürlich spricht nichts dagegen, auch gemeinsame Freunde oder Hobbys zu haben und einander emotional beizustehen. Es wirkt sich aber entlastend und stabilisierend auf die Beziehung aus, wenn das Gemeinsame statt eines Muss eine freiwillige Entscheidung ist. Es mag paradox klingen, dass solche Flexibilität stabilisierend wirkt, zumal sie den Partner:innen abverlangt, mehr auf sich gestellt zu sein. Es zeigt sich jedoch immer wieder, dass Liebesbeziehungen, in denen die Rollen nicht starr verteilt sind, sondern je nach Situation mal die eine, mal die andere Person die haltgebende ist oder sich anlehnen kann, sich den Wechselfällen des Lebens flexibler anpassen können. Wann immer dagegen die Rollenzuschreibungen feststehen, wie bei Corinna und Jens, gerät das Konstrukt leicht ins Wanken, sobald eine:r der Partner:innen seine oder ihre Rolle nicht mehr einnehmen kann oder will.

Sprechen Sie mit Ihrer Partnerin oder Ihrem Partner über die Gefühle, die Sie in diesem Zusammenhang bewegen. Vielleicht finden Sie gemeinsam Wege, wie sich Ihr Freiheitsbedürfnis mit Ihrer Liebesbeziehung in Einklang bringen lässt, vielleicht auch nicht. Das Freiheitsbedürfnis ist individuell unterschiedlich ausgeprägt, und möglicherweise liegen Ihre Vorstellungen zu weit auseinander. Wenn Sie aber auf Augenhöhe und ohne Vorwürfe miteinander sprechen, wird Ihr:e Partner:in sich vermutlich nicht durch Ihre Bedürfnisse bedroht fühlen und ebenfalls Bereiche benennen, in denen er oder sie sich Freiraum für sich wünscht. Im achtsamen Gespräch über das Bedürfnis nach Eigenem *und* Verbundenheit bei beiden ist die Chance groß, dass Sie auf Verständnis und Entgegenkommen stoßen.

KAPITEL VIER

ICH SEHNE MICH NACH NÄHE

»Er kommt mir eigentlich vor wie ein Einzelgänger. Ich weiß nie, wann ich ihn wiedersehen werde. Dabei würde ich jetzt gern eine eigene Familie gründen. Ich habe das Gefühl, an seinem ausgestreckten Arm emotional zu verhungern. Und gleichzeitig ist da das Gefühl, dass wir zusammengehören.«

So beschreibt eine Frau, nennen wir sie Angelika, ihr Bedürfnis nach mehr Nähe zu ihrem Partner. Sie hat den Eindruck, dass er die Beziehung zu ihr unverbindlich halten und sich nicht verpflichtet fühlen will. Unter Tränen spricht Angelika den Gedanken aus, dass ihr Partner, den wir hier Christoph nennen, sie weniger liebe als sie ihn.

Was genau meinen Menschen damit, wenn sie sagen, sie wünschen sich mehr Nähe zum Partner oder zur Partnerin? Ihre Bedürfnisse und Gefühle, die sie mit dem Wort »Nähe« verbinden, beschreiben Menschen z. B. mit den Worten »Ich wüsste gerne, was in ihm vorgeht«, »Ich wünsche mir mehr Zärtlichkeit« oder »Ich sehne mich nach mehr Aufmerksamkeit, sodass ich merke, sie denkt an mich«. Die meisten Menschen hoffen, in einer Liebesbeziehung Verbundenheit zu erfahren, ein Gefühl von Sicherheit, eine Gewissheit, dass der Partner/die Partnerin zuverlässig da ist, sich empathisch verhält und man der jeweils wichtigste Mensch füreinander ist.

Falls Sie gerade nicht in einer Paarbeziehung leben und sich nach einem Partner oder einer Partnerin sehnen, ist es nur allzu verständlich, das Gefühl von Nähe oder Verbundenheit zu vermissen. Dieses Bedürfnis ist zutiefst menschlich. Die gute Nachricht lautet: Wir können nichts vermissen, was wir nicht kennen. Das heißt, dass Sie fähig sind, Nähe zuzulassen. Vielleicht ist es nur eine Frage der Zeit, bis Sie jemanden finden, dem Sie Ihr Herz öffnen möchten. Wann haben Sie zuletzt die Art von Nähe zu einem Menschen erlebt, die Sie sich erhoffen? Was hat diese Beziehung für Sie ausgemacht, was war das Besondere daran?

Alle Menschen erleben zumindest zu sich selbst manchmal eine innige und stabile Vertrautheit. Auch unter ungünstigen Bedingungen erlebt jedes Kind Momente, in denen es das Gefühl hat, in sich zu ruhen, sich selbst zu lieben, sich auf sich selbst verlassen zu können. Auf dieser Selbstliebe sollten wir aufbauen, wenn wir Kontakt zu anderen Menschen herstellen. Die meisten von uns haben als Kinder außerdem Liebe durch andere, vor allem die Eltern erfahren. Auch auf diesen Erfahrungen können wir aufbauen, wann immer wir nach einem Menschen suchen, mit dessen Bedürfnissen wir uns abstimmen wollen und können und der seinerseits bereit ist, sich mit unseren Bedürfnissen abzustimmen. Die gegenseitige Abstimmung über die zentralen Bedürfnisse nach Verbundenheit und Autonomie gilt als eine Definition von Liebe. Ein solcher Verständigungsprozess beginnt bei der ersten Begegnung der Liebenden und findet so lange statt, wie die Liebesbeziehung dauert.

Faktoren, die das gegenseitige Abstimmen in Beziehungen zwischen Erwachsenen im Allgemeinen erleichtern, sind erfahrungsgemäß gemeinsame Interessen, ähnliche Wertvorstellungen, Einfühlungsvermögen, Eigenständigkeit und dass man das Positive aneinander wahrnimmt. Hilfreich ist es außerdem, wenn Geben und Nehmen ausgeglichen sind zwischen den Partner:innen, man miteinander verhandeln und zusammenarbeiten und gemeinsame Perspektiven entwickeln kann. Einen Menschen zu finden, der im Hinblick auf diese Faktoren zu uns passt, ist eine Hürde im Außen, die es zu nehmen gilt auf der Suche nach Nähe in einer Liebesbeziehung. Außerdem gibt es Hürden in uns selbst, die wir überwinden müssen, um Nähe zulassen zu können.

Sollten Sie den Eindruck haben, dass Sie sich damit schwertun, Nähe zu einer Partnerin oder einem Partner zu erleben, obwohl eine Person sie anbietet, wäre es möglicherweise hilfreich, zu ergründen, worin genau die innere Hürde besteht. Im Folgenden möchte ich daher darstellen, wie und warum Menschen auf unterschiedlichen Wegen unbewusst Nähe zu anderen vermeiden, wenngleich sie sich danach sehnen. Vielleicht erkennen Sie sich an der einen oder anderen Stelle wieder, lernen, sich dabei besser zu verstehen, und können dann gezielter Veränderungen anstoßen.

Was genau macht Nähe für mich aus?

Zwar gibt es bestimmte Verhaltensweisen, die wohl die meisten Menschen als liebevoll wahrnehmen und an denen sie ihre Verbundenheit mit dem Partner oder der Partnerin messen, wie Empathie, Rücksichtnahme oder Zärtlichkeit. Bis zu einem gewissen Grad ist es aber individuell unterschiedlich, woran Menschen Nähe festmachen. Woran würden Sie merken, dass Ihre Partnerin oder Ihr Partner Nähe zu Ihnen herstellt? In welcher Form würden Sie gern mehr Nähe erleben in Ihrer Partnerschaft? Weiß Ihr:e Partner:in das schon? Wenn nicht, könnte es hilfreich sein, Ihr Bedürfnis möglichst konkret zu formulieren. Statt »Ich wünsche mir mehr Nähe« könnten Sie z. B. sagen: »Ich wünsche mir heute, dass wir beim Fernsehen kuscheln.« Oder: »Ich wünsche mir, dass wir uns morgen im Laufe des Tages zwischendurch eine Nachricht schicken.« Beginnen Sie mit kleinen, leicht umsetzbaren und konkreten Schritten.

Die Regulierung von Nähe und Distanz stellt für die meisten Paare eine Herausforderung dar. Sowohl emotionale Nähe als auch emotionale Distanz können mit Entspannung oder Angst einhergehen und wir müssen ständig zwischen großer Nähe, also Intimität, und Distanz, also wieder für uns stehen in unserer Individualität, hin und her schwingen. Die Sehnsucht nach Intimität lässt die Liebenden aufeinander zu- und eingehen, und aus der Intimität lösen wir uns notwendigerweise wieder, werden uns unserer selbst wieder bewusst – und der Zyklus kann von Neuem beginnen. Dieser Zyklus von Annäherung, inniger Intimität (emotional und körperlich) und Loslösung setzt einen gewissen Grad an psychischer Stabilität voraus. Denn sowohl Intimität als auch Distanz können Ängste auslösen. Intimität bedeutet, dass wir uns dem Partner oder der Partnerin so zeigen, wie wir wirklich sind, gewissermaßen ungeschminkt. Dabei besteht das Risiko, dass er oder sie uns so nicht bedingungslos mag. Das auszuhalten erfordert ein Minimum an Selbstbewusstsein, das wir manchmal nicht haben. Und Distanz zur Partnerin oder zum Partner setzt voraus, dass wir uns unabhängig und in der Lage fühlen, für uns zu stehen und zur Not allein zurechtzukommen.

Die menschliche Gefühlswelt ist unbeständig und das Bedürfnis nach Nähe und Distanz ist nicht nur davon abhängig, wie wir unsere Liebesbeziehung gerade erleben, sondern auch von unserer aktuellen Stimmung. Und die wird von vielen Faktoren beeinflusst, von denen einige nichts mit der Partnerschaft zu tun haben. Insofern ist es wichtig, nicht jede Reserviertheit der Partnerin oder des Partners persönlich zu nehmen. Wenn Sie sich aber seit längerer Zeit und unabhängig von tagesaktuellen Schwankungen nach mehr Nähe in Ihrer Liebesbeziehung sehnen, schlage ich vor, dass Sie sich zunächst mit Ihrer persönlichen aktuellen Lebenssituation beschäftigen. Gibt es momentan besondere Belastungen oder Sorgen? Stehen Sie vor Veränderungen, die Sie beunruhigen? Spüren Sie das Bedürfnis, beschützt, getröstet oder unterstützt zu werden? Sind Sie enttäuscht von Ihrer Partnerin oder Ihrem Partner oder fühlen Sie sich gar im Stich gelassen?

Wie nah stehe ich mir selbst?

Für den Fall, dass Sie sich mehr Nähe zu Ihrer Partnerin oder Ihrem Partner wünschen, möchte ich Sie ermutigen, zunächst sich selbst näherzukommen. Denn das ist die Basis, um sich etwas unabhängiger zu fühlen: Zu wissen, was man braucht, und sich das selbst geben zu können, erhöht die Eigenständigkeit. Unabhängigkeit tut gut und es entlastet auch Ihre Partnerschaft, wenn Sie gut für sich sorgen.

Erforschen Sie Ihre Gefühle und Bedürfnisse und überlegen Sie, womit Sie sich selbst etwas Gutes tun können. Wie könnten Sie sich selbst ein wenig verwöhnen? Was genau stellen Sie sich darunter vor, sich etwas zu gönnen, was Ihnen guttut? Am besten machen Sie sich eine Liste mit Dingen, auf die Sie sich freuen, sobald Sie sie planen. Und als Nächstes beginnen Sie mit dem, was sich gerade am leichtesten realisieren lässt.

Wie geht es Ihnen dabei, wenn Sie sich selbst verwöhnen? Können Sie sich gut etwas gönnen? Damit meine ich nicht materielle Anschaffungen, sondern etwas, was Ihnen wirklich guttut. Und das sind meistens eher kleine Dinge, wie sich z. B. die Zeit nehmen, am Morgen erst einmal in Ruhe einen Kaffee zu trinken und den Sonnenaufgang zu beobachten, bevor wir die Nachrichten auf dem Smartphone abrufen. Oder nachmittags eine halbe Stunde zum Lesen einzubauen, weil Sie dabei zu sich kommen. Nach der Arbeit erst einmal eine Runde laufen zu gehen, bevor Sie für die Kinder da sind. Wissen Sie, was Ihnen guttun würde?

Und falls Sie dann liebevoll zu sich sind, sind Sie hinterher auch stolz auf sich? Ich finde, das sollten Sie. Sie sollten sich selbst auf die Schulter klopfen, während Sie sich etwas Gutes tun. Das ist nicht egoistisch. Denn sooft es Ihnen gut geht, ist das der größte Gefallen, den Sie der Welt tun können.

Achten Sie darauf, wie es sich auf die Stimmung in Ihrer Partnerschaft auswirkt, wenn Sie selbst bewusst gut für sich sorgen. Wie reagiert Ihr:e Partner:in in Fällen, in denen Sie sich unabhängig von ihm oder ihr mit einer guten Freundin oder einem guten Freund treffen, in die Sauna oder Wandern gehen, oder was auch immer Sie als selbstfürsorglich empfinden?

Ich erlebe es oft, dass sich in Partnerschaften etwas entspannt, sobald die Partner:innen mehr Verantwortung für das eigene Wohlergehen übernehmen, statt voneinander zu erwarten, dass die oder der jeweils andere sich kümmert. Das soll nicht bedeuten, dass man in einer Liebesbeziehung nicht manchmal auch füreinander da ist. Es ist nur wichtig, dass jede:r die Hauptverantwortung für sich selbst trägt.

Einmal angenommen, Sie haben gut für sich gesorgt, Sie fühlen sich wohl und entspannt, und stellen sich in dieser Verfassung vor, Ihrem Partner oder Ihrer Partnerin oder einer anderen Person, die Sie anziehend finden, näherzukommen – was passiert? Ist das eine angenehme Vorstellung, bei der Sie innerlich lächeln und wohlig seufzen? Können Sie zu dieser Vorstellung eindeutig »Ja« sagen, »das will ich«? Oder ist diese Vorstellung mit Anspannung, Beunruhigung und Befürchtungen verbunden? Haben Sie Sorge, dass etwas passiert, was Sie nicht möchten, wenn Sie jemandem nahekommen? Oder fürchten Sie, dass die andere Person Sie nicht mag, sobald sie Ihnen näherkommt? Es gibt viele Gründe, die Menschen davon abhalten, Nähe zu anderen herzustellen oder zuzulassen. Meist geht es um Befürchtungen, dass mehr Nähe entstehen könnte, als sie wollen, ohne dass sie sich dagegen wehren können, oder ein Mangel an Selbstwertgefühl führt zu der Befürchtung, abgelehnt zu werden.

Wir können nur von ganzem Herzen Ja zu Nähe zu einem anderen Menschen sagen, solange wir die innere Erlaubnis haben, Nein zu sagen, wenn etwas passiert, was wir nicht wollen. Insofern hat Intimität viel mit Selbstbewusstsein und Selbstliebe zu tun. Denn Intimität im Sinne einer Nähe zu einem anderen Menschen, in der beide einander ganz unverstellt, ungeschminkt, ungeschönt, kurz: genauso, wie sie sind, sehen, hören, riechen, vielleicht auch schmecken, ist riskant. Denn es ist möglich, dass mein Gegenüber Missfallen über mein So-Sein äußert. Um sich in einer solchen Situation nicht beschämt zu fühlen, brauchen wir eine stabile Selbstliebe, die uns davor bewahrt, uns aufgrund Bewertung einer bestimmten Eigenschaft grundsätzlich als Mensch infrage zu stellen. Eine solche Selbstliebe, die, auch wenn es zunächst paradox klingen mag, eine Liebe zu anderen Menschen erst ermöglicht, können wir üben. Manchen Menschen scheint sie in die Wiege gelegt zu sein, aber viele Menschen müssen sie im Laufe ihres Lebens erst wiederfinden und bewusst kultivieren. Freundlich zu sich selbst zu sein hat nichts mit Egoismus oder gar mit Narzissmus zu tun, sondern ist im Gegenteil die Grundlage für Freundlichkeit und Mitgefühl auch anderen gegenüber.

Angenommen Sie haben damit experimentiert, besser als bisher für sich zu sorgen, was auch das Neinsagen beinhaltet, falls Ihnen etwas unangenehm ist, und Sie empfinden zudem keine Angst vor Kritik oder Zurückweisung, gibt es im kommunikativen Bereich vielleicht Veränderungsmöglichkeiten. Sie können sich darum bemühen, Ihr Bedürfnis nach Nähe in der Ich-Form und verknüpft mit konkreten Beispielen mitzuteilen. Achten Sie darauf, keine Vorwürfe zu formulieren, denn darauf wird Ihr:e Partner:in sehr wahrscheinlich mit einem emotionalen Rückzug reagieren – das Gegenteil von dem, was Sie sich wünschen!

Ein Paar, das ich hier Jochen und Barbara nennen möchte, leidet zunehmend unter Streitigkeiten. Jochen bezeichnet sich scherzhaft als »Kuschelbär«, als er beschreibt, dass er sich nach mehr Nähe und Zärtlichkeit sehnt als seine Frau. Dabei macht er ihr am laufenden Band Vorwürfe, sie würde das Haus nicht oft und gründlich genug putzen, nicht ordentlich genug aufräumen und Ähnliches. Barbara hört sich die Vorwurfskaskade, die zudem immer lauter wird, still an und kommentiert sie schließlich scheinbar sachlich mit den Worten:»Wir sind eben unterschiedlich.« Dieses Beispiel zeigt, dass Vorwürfe in der Regel nicht als Einladung zu einer Annäherung erlebt werden. Vielleicht gelingt es Ihnen, Ihre Bedürfnisse als Wünsche zu formulieren anstelle von Vorwürfen und auf diese Weise ein Gespräch einzuleiten, in dem Ihr:e Partner:in schildert, was ihn oder sie bewegt und womöglich daran hindert, mehr Nähe zu Ihnen herzustellen.

Sie müssen allerdings auch damit rechnen, dass er/sie (noch) nicht dazu bereit ist, sich auf ein derartiges Gespräch einzulassen – zumal dabei Nähe entstehen könnte. Sollte er/sie jedoch über die eigenen Bedürfnisse und Gefühle, Hoffnungen und Ängste sprechen, könnte das ein Schritt in Richtung Abstimmung Ihrer Bedürfnisse sein. Damit ist gemeint, dass die Bedürfnisse beider Partner:innen klar benannt werden und man dann gemeinsam schaut, wie man sich aufeinander einstellen kann, ohne dabei die eigenen Bedürfnisse zu vernachlässigen. Sie suchen also nach einer Schnittmenge beziehungsweise einem Kompromiss zwischen den verschiedenen Bedürfnissen.

Es könnte auch sein, dass Ihr:e Partner:in etwas äußert, was für Sie schwierig zu akzeptieren ist. Meiner Erfahrung nach ist die Ahnung, etwas zu hören zu bekommen, das uns nicht gefällt, ein häufiger – und »guter«, da sehr verständlicher Grund – einem offenen Gespräch auszuweichen. Das gilt insbesondere für den Bereich der Sexualität. Was wäre, wenn Ihr:e Partner:in den Wunsch äußern würde, sexuelle Praktiken auszuprobieren, die Ihnen fremd sind? Wären Sie eventuell zu einem Experiment bereit? Trauen Sie sich zu, sich über Ihre gemeinsame Sexualität mit Ihrem Partner oder Ihrer Partnerin abzustimmen und zu manchem Ja und zu manchem Nein zu sagen? Es ist aber auch gut möglich, dass das, was bisher unausgesprochen ist, völlig unspektakulär und für Sie leicht zu akzeptieren ist. Je mehr unausgesprochen ist, desto mehr Raum gibt es für Fantasien. Die Realität ist im Vergleich dazu meistens undramatisch. Trotzdem können ehrliche Gespräche zu unbequemen Erkenntnissen führen. Keine Liebesbeziehung vermag all unsere Bedürfnisse an menschliche Kontakte zu erfüllen. Vielleicht kommen Sie aber zu dem Schluss, dass Ihre Bedürfnisse und die Ihrer Partnerin oder Ihres Partners zu weit auseinanderliegen, um einen tragfähigen Kompromiss zu finden. Falls es Ihnen so vorkommt, als wäre Ihr:e Partner:in nicht kompromissbereit, rate ich aber zur Vorsicht. Bevor Sie sich deswegen zur Trennung entschließen, könnte es lohnend sein, eine andere Möglichkeit in Betracht zu ziehen.

Habe ich eine Gegenstimme in mir?

Bei meiner Arbeit erlebe ich oft, dass Menschen den Wunsch nach mehr Nähe formulieren und nicht merken, dass sie selbst einen gegenteiligen Impuls oder einen anderen Persönlichkeitsanteil in sich tragen, der Nähe vermeiden will. Diese Gegenstimme glaubt die Person beim Partner oder bei der Partnerin wahrzunehmen. Es ist häufig so, dass wir uns nach etwas sehnen, wovor wir Angst haben. Wenn die Angst nicht wäre, müssten wir uns nicht nach etwas sehnen, sondern könnten es in unser Leben holen oder verwirklichen. Die Seele schützt sich manchmal vor etwas, das zugleich begehrenswert und beängstigend erscheint, indem sie etwas Eigenes nach außen verlagert. So muss sie sich nicht der Aufgabe stellen, die Angst zu überwinden.

Bei der Betrachtung der Beziehungsgeschichte von Angelika und Christoph zeigt sich, dass Christoph aus dem gemeinsamen Heimatort in die Stadt gezogen war, in der Angelika studierte. Das war ihm schwergefallen, weil er ein recht enges Verhältnis zu seiner Herkunftsfamilie hatte. Angelika freute sich darüber, Christoph in ihrer Nähe zu wissen, war aber nicht bereit, mit ihm in eine gemeinsame Wohnung zu ziehen. Angelika wirft Christoph vor, unselbstständig und unordentlich zu sein. Er zieht sich daraufhin zurück. Manchmal ist er tagelang nicht erreichbar, wodurch Angelika sich darin bestätigt fühlt, dass er unzuverlässig und beziehungsunfähig ist. Schließlich trennt sich Angelika von Christoph.

Vielleicht denken Sie, dass Sie Ihrem Partner oder Ihrer Partnerin Ihren Wunsch nach mehr Nähe schon frei von Vorwürfen und konkret genug mitgeteilt haben, ohne den gewünschten Effekt zu erzielen. Dann gibt es möglicherweise noch unausgesprochene Gründe für die Distanz, unter der Sie leiden. Manchmal sind Partner:innen auf eine Art und Weise miteinander verbunden, in der sie einander unbewusst daran hindern, sich weiterzuentwickeln, und darunter leiden. Wenn uns nicht bewusst ist, was unser Verhalten in unserer Liebesbeziehung bestimmt, können wir es nicht ändern. Womöglich hat sich auch in Ihrer Liebesbeziehung ein Muster herausgebildet, das verhindert, dass Sie Nähe erleben. Um dieser Möglichkeit nachzugehen, schauen wir uns einmal an, wie es mit Christoph und Angelika weiterging.

In einer Einzeltherapie reflektiert Angelika die Geschichte ihrer Beziehung mit Christoph. Dabei wird ihr bewusst, dass sie sich einerseits nach mehr Nähe zu Christoph in einer sicheren Bindung gesehnt hat. Dazu hätte auch für sie das Zusammenwohnen gehört. Zugleich hatte sie sich andererseits davor gefürchtet, mit den Konflikten, die dabei voraussichtlich entstanden wären, überfordert zu sein. Sie hatte Angst, sich selbst zu verlieren, falls sie sich zu sehr anpassen würde. Das Risiko wollte sie nicht eingehen und ging dem Zusammenwohnen deshalb lieber aus dem Weg. Diese Erkenntnis verdeutlicht ihr, dass sie selbst eine Scheu vor Nähe zu Christoph hatte. Indem sie ihren Fokus auf Verhaltensweisen von Christoph legte, die sie als distanziert interpretierte, musste sie sich ihrer eigenen Entwicklungsaufgabe nicht stellen. Diese Entwicklungsaufgabe bestand darin, Konflikte in konstruktiver Weise auszutragen und dabei den eigenen Standpunkt nicht aufzugeben, sondern nach Kompromissen zu suchen. Angelika wird rückblickend klar, dass sie sich nicht zugetraut hat, mit Christoph tragfähige Kompromisse zu finden, z. B. was den Haushalt und die Alltagsorganisation betrifft. Gerade in einer solchen Auseinandersetzung hätte Nähe entstehen können. Das hat Angelika unbewusst vermieden. Das zu sehen ist für sie schmerzlich und beschämt sie.

Scham ist das unangenehmste Gefühl von allen, das wir oft entsprechend entschieden unbewusst vermeiden. Sowie wir uns schämen, glauben wir, versagt zu haben und deswegen als Mensch wertlos zu sein. Kinder werden leider oft beschämt mit abwertenden Aussagen wie »Du bist eine Niete« oder »Aus dir wird nie was«. Es ist ein grundlegender Unterschied, ob ich einen eigenen Fehler als Ergebnis einer begrenzten Schwäche ansehe, an der ich arbeiten kann, oder ob ich mich als Person komplett infrage stelle wegen eines Fehlers. In der Regel können Menschen ihre Scham nur akzeptieren, statt sie zu verdrängen, wenn sie sich selbst als zwar unperfekt, aber trotzdem liebenswert erachten. Ich erwähne diesen Aspekt deshalb, weil Menschen in ihrer Liebesbeziehung oft aus Scham heraus in eine Dynamik geraten, die sich ohne Hilfe von außen kaum auflösen lässt.

Scham ist ein Gefühl, das mir vertraut ist – Ihnen auch? Scham fühlt sich sehr bedrückend an, es reißt uns geradezu den Teppich unter den Füßen weg. Die Wendung »Ich würde am liebsten im Boden versinken« verdeutlicht, dass Scham etwas mit der Vorstellung zu tun hat, sich entblößt zu haben, sodass man sich am liebsten verstecken würde. Die gute Nachricht ist, dass Scham auch ein Ausdruck dafür ist, dass wir Menschen soziale Wesen sind, die fundamental auf die Gemeinschaft mit unseren Mitmenschen und damit auf deren Anerkennung angewiesen sind. Wenn wir uns schämen, haben wir Angst, aus der Gemeinschaft ausgeschlossen zu werden. Insofern sind Menschen, die gar keine Scham empfinden, unsozial. Andererseits kann eine sehr stark ausgeprägte Schamhaftigkeit in sozialen Kontexten auch hinderlich sein, da sie Menschen im Kontakt mit anderen verunsichert.

Ich möchte Sie ermutigen, sich mit Ihren Schamgefühlen zu beschäftigen, weil Gefühle, denen wir uns zuwenden, die wir zulassen und akzeptieren, in etwas anderes übergehen können. Scham, zu der wir Ja sagen, die wir nicht reflexhaft zu verdrängen versuchen, sondern aushalten, kann sich z. B. in ein Stückchen mehr Selbstakzeptanz oder Selbstmitgefühl verwandeln. Und Selbstmitgefühl ist eine wunderbare Basis für ein Gespräch mit Ihrem Partner oder Ihrer Partnerin über das, was Sie wirklich bewegt, wonach Sie sich sehnen – auch auf die Gefahr hin, dass er oder sie (zunächst) nicht begeistert darauf reagiert.

Jochen, der sich als Kuschelbär bezeichnet, beschreibt, er könne es nicht ertragen, dass Barbara morgens das Waschbecken nicht mit einem Handtuch trocken wischt, bevor sie das Badezimmer verlässt. Während er Beispiele für Barbaras Nachlässigkeit aufzählt, überhäuft er sie mit Vorwürfen und wiederholt mehrmals, dass sie dringend endlich eine Einzeltherapie machen müsse. Sie hört sich diese Vorwürfe ohne erkennbare emotionale Regung an.

Bei diesem Paar ist offenbar eine Kommunikationsdynamik zur Gewohnheit geworden, in der der Mann beständig aufgeregter und abwertender wird, um die Frau durch eine solche Vehemenz zu erreichen, während sie zunehmend abgestumpfter reagiert, um sich vor seinen Abwertungen zu schützen. Daraufhin wird er noch massiver und sie zieht sich noch mehr zurück. Es kann sehr schwierig sein, sich ohne Hilfe von außen aus einem solchen Kommunikationsmuster zu befreien.

Im weiteren Verlauf des Gesprächs mit diesem Paar wird deutlich, dass beide sich eigentlich nach mehr Nähe zueinander sehnen. Statt aber die Sehnsucht auszudrücken, formuliert Jochen Vorwürfe und erhebt die

Stimme, während Barbara schweigt. Jochen hat dabei den Eindruck, Barbara nicht zu erreichen, und Barbara hat den Eindruck, sich schützen zu müssen. Auf diese Weise entfernen sich beide immer weiter voneinander. Beide sehen nicht die Not hinter dem Verhalten der oder des jeweils anderen, sondern fühlen sich angegriffen beziehungsweise emotional verlassen.

Falls Ihnen dieses Kommunikationsmuster bekannt vorkommt, lohnt es sich, sich klarzumachen, dass dieses Phänomen sehr häufig bei Paaren vorkommt und es niemand bewusst oder freiwillig etabliert. Sie müssen sich also nicht dafür schämen!

Wie kann ich ein ungünstiges Kommunikationsmuster unterbrechen?

Zunächst einmal sollten Sie die Scham annehmen, wenn Sie sie spüren. Um zu verdeutlichen, wie das gehen kann, möchte ich auf das Beispiel von Barbara und Jochen zurückkommen. Haben Sie eine Idee, was Jochen tun könnte, statt Barbara Vorwürfe zu machen und sie abzuwerten? Er könnte zu dem Schmerz stehen, der aus ihrem gewohnheitsmäßigen Kommunikationsmuster und der daraus resultierenden Distanz erwächst. Außerdem könnte er das eigentliche Bedürfnis, nämlich nach Kuscheln, Zärtlichkeit, Bestätigung zum Ausdruck bringen. Dafür müsste Jochen die Scham akzeptieren, die er fürchtet, sobald er sich verletzlich zeigt. Im Falle, dass Jochen z. B. mit spürbarer emotionaler Beteiligung sagen würde: »Es macht mich traurig, dass wir uns in letzter Zeit so wenig berühren. Du fehlst mir«, wäre die Wahrscheinlichkeit, dass Barbara sich davon beeindrucken lässt und entsprechend zugewandt reagiert, sicher höher als bei einem Vorwurf von ihm. Es könnte aber auch sein, dass sie etwas antwortet wie:»Du fehlst mir aber nicht. Dazu hast du mich zu sehr verletzt.« Es wäre verständlich, wenn Jochen sich in dieser Situation zunächst hilflos, vielleicht sogar beschämt fühlen würde. Im Hinblick auf sein langfristiges Anliegen, mehr Nähe zu Barbara erleben zu können, wäre es zielführend, jetzt nicht zu wanken, sondern Verständnis zu äußern und zugleich bei seinem Bedürfnis zu bleiben. Jochen könnte etwa antworten:»Das verstehe ich. Mir ist bewusst, dass ich in letzter Zeit Dinge gesagt habe, die dich verletzt haben. Das wollte ich eigentlich gar nicht, und trotzdem ist es mir passiert. Das tut mir leid. Ich werde mich darum bemühen, dir keine Vorwürfe mehr zu machen. Denn ich möchte, dass wir einander wieder näherkommen.«

Das Gleiche gilt für Barbara. Statt sich taub zu stellen, seine Vorwürfe über sich ergehen zu lassen und sich emotional zurückziehen, könnte sie Jochen sagen, dass es sie verletzt, wenn er ihr Vorwürfe macht und sagt, sie brauche eine Therapie. Damit würde sie Jochen eine Grenze setzen. Auf diese Weise könnte es ihr womöglich gelingen, seine sich steigernde Aufgeregtheit zu stoppen und die Möglichkeit eröffnen, zu reflektieren, was gerade passiert. Barbara könnte etwas sagen wie:»Schau mal, Jochen, jetzt machst du mir gerade wieder Vorwürfe. Wir wissen ja jetzt, dass uns das nicht weiterbringt. Ich bitte dich, damit aufzuhören. Eigentlich wollen wir ja beide, dass wir wieder zueinanderfinden. Was wünschst du dir gerade von mir?« Mit einer solchen Reaktion wäre die Möglichkeit eröffnet, auf eine Metaebene zu gehen, um dort zu reflektieren, was gerade passiert und was in dieser Situation im Hinblick auf ihre langfristigen Ziele in ihrer Partnerschaft hilfreich sein könnte.

Wie kann ich weitere Verletzungen vermeiden?

Gewissermaßen von oben auf das Geschehen zu schauen und darüber zu sprechen unterbricht die automatischen und immer gleichen Reaktionen der Partner:innen aufeinander und macht uns frei, uns für andere Reaktionen zu entscheiden. Das ist eine gute Möglichkeit, weitere Verletzungen zu verhindern.

Um auf unser Beispiel mit Barbara und Jochen zurückzukommen: Sowohl, wenn Jochen ein neues, nicht verletzendes Verhalten zeigt, als auch, wenn sie selbst es tut, muss Barbara aus ihrem Schneckenhaus kommen, damit zwischen ihr und Jochen mehr Nähe entstehen kann. Indem sie sich nicht wie gewohnt zurückzieht, sondern ihr Bedürfnis nach Respekt und Akzeptanz zum Ausdruck bringt, riskiert sie, dass Jochen gleichgültig oder wieder aggressiv reagiert, was ihr sicher wieder wehtun würde. Allerdings besteht so zumindest die Chance, dass er empathisch auf ihre Gefühlsäußerung eingeht.

Eine Unterbrechung des ungünstigen Kommunikationsmusters könnte also gelingen, sofern mindestens eine:r von beiden den Mut hat, als erste:r das eigene Gefühl zum Ausdruck zu bringen, das eigentliche Bedürfnis zu benennen und als konkreten Wunsch zu formulieren.

Ein weiterer möglicher Grund für Ihren eigenen Wunsch nach Nähe könnte darin bestehen, dass Sie sich einen Menschen ausgesucht haben, der wenig Nähe zulassen will oder kann. Nun fragen Sie sich vielleicht, woran man erkennen kann, ob der Mangel an Nähe mit unbewussten Kommunikationsmustern beider Partner:innen zu tun hat oder mit der Persönlichkeit Ihrer Partnerin oder Ihres Partners. Auf diese Frage gibt es keine einfache Antwort. Meiner Erfahrung nach können Sie nur ausprobieren, was passiert, sobald Sie selbst so authentisch und empathisch wie möglich kommunizieren. Wenn dann mehr Nähe in Ihrer Partnerschaft entsteht, wissen Sie, dass Sie selbst einen Einfluss darauf haben. Sollte Ihr:e Partner:in daraufhin dagegen von Ihnen abrücken und signalisieren, dass er oder sie diese Art von Beziehungsgestaltung nicht möchte, deutet das darauf hin, dass Ihre Vorstellungen davon, was eine Liebesbeziehung ausmacht, unterschiedlich sind. Langfristig gesehen wäre es in diesem Fall möglicherweise sinnvoll, dass Sie sich trennen. Ich bin an dieser Stelle sehr vorsichtig, weil meine Erfahrung ist, dass die allermeisten Menschen sich eine Liebesbeziehung wünschen, die durch Intimität und Geborgenheit gekennzeichnet ist. Manche Menschen fühlen sich aber auch phasenweise dazu nicht in der Lage.

Einige Jahre, nachdem sich Angelika von Christoph getrennt hat, hat dieser geheiratet und Kinder bekommen. Christoph hat sich damit auf ein Lebensmodell eingelassen, das mit viel Verantwortung und Verbindlichkeit verbunden ist. Genau das konnte sich Angelika zu der Zeit, als sie mit ihm zusammen war, nicht vorstellen. Wir können nur darüber spekulieren, ob Christoph diesen Punkt mit Angelika zusammen erreicht hätte, wenn sie einen längeren Atem gehabt hätte. Fakt ist, dass Angelika nach der Trennung von Christoph einen Partner gefunden hat, den sie als sehr liebevoll und fürsorglich erlebt – so, wie sie es sich gewünscht hat.

Nähe zwischen Liebenden ist kein Zustand, der einmal erreicht wird und ab diesem Zeitpunkt bestehen bleibt, sondern ein permanenter Prozess von Annäherung und Distanzierung und Wiederannäherung usw. Ich hoffe, Ihnen hier Wege aufgezeigt zu haben, auf denen Sie die Nähe erleben können, die Sie sich wünschen.

MEIN SEXUAL-LEBEN IST NICHT ERFÜLLT

Menschliche Sexualität war schon immer eine Quelle von Lust, Frust, Freude, Verbundenheit und Selbstwertgefühl. Die emotionale und körperliche Intimität, die wir mit der Person erleben, mit der wir Sex haben, macht ihn zu einer sehr besonderen zwischenmenschlichen Begegnungsform. Die Freude, die uns Sex bereiten kann, unterscheidet ihn von der rein triebhaften Nachwuchszeugung in der Tierwelt. Moderne Verhütungsmethoden haben ihn nun auch noch von der Angst vor einer ungewollten Schwangerschaft befreit. Statt sich um möglichen Nachwuchs aus der sexuellen Begegnung zu sorgen, ist es den Menschen heute möglich, beim Sex allein die Sinnesfreuden zu genießen. So lautet jedenfalls der Wunsch der meisten von uns. Dieser Genuss ist aber nicht für alle selbstverständlich lebbar.

Wenn Sie, liebe Leserin oder lieber Leser, Ihre Sexualität gern anders leben möchten als bisher, kann das vielfältige Gründe haben. Entsprechend mannigfaltig sind die Ansatzpunkte, um dort positive Veränderungen anzustoßen. Im Folgenden werde ich die meiner Erfahrung nach wichtigsten Facetten und Zugänge zu diesem Thema beleuchten – ohne einen Anspruch auf Vollständigkeit zu erheben. Dies ist auch gar nicht möglich, da wir Menschen trotz aller vermeintlichen Grundkonstanten zu unterschiedlich und individuell in unseren Beziehungen sind. Aus meiner Arbeit als Paartherapeutin weiß ich aber auch, dass wir alle mit unseren Sorgen, Wünschen und Bedürfnissen nur sehr selten allein auf weiter Flur sind. Weshalb es sehr wahrscheinlich ist, dass Sie im Folgenden für sich Hilfreiches entdecken.

Sexualität heute

In den westlichen Gesellschaften ist das Thema Sexualität heutzutage von einer Multioptionalität geprägt, die zeitgeschichtlich vermutlich einmalig ist. Die wunderbare Freiheit, unsere Sexualität so zu leben, wie es uns entspricht, zumindest ohne reproduktive sowie rechtliche Konsequenzen fürchten zu müssen, suggeriert ein »anything goes«. Das war nicht immer so. Die Gesetzgebung hinkt der sozialen Wirklichkeit häufig hinterher. Der »Kuppelparagraph« setzte bis in die 1960er Jahre denjenigen in der Bundesrepublik unter Strafe, der Unverheirateten eine Wohnung oder ein Zimmer vermietete. Außereheliche Sexualität war damals aus »Schutz der öffentlichen Sittlichkeit« vom Gesetzgeber explizit unerwünscht. Dieser Paragraf wurde erst 1973 gekippt, als im Deutschen Bundestag ein neues Sexualstrafrecht beschlossen wurde, und damit zwölf Jahre, nachdem die Einführung der Antibabypille das Sexualleben der jungen Generation bereits revolutioniert hatte. Im Zuge der Veränderung des Strafrechts 1973 wurde auch der leidvolle Paragraf 175 angepasst, der bis dahin männliche Homosexualität mit einem Minderjährigen oder in einem Abhängigkeitsverhältnis verbot. Homosexualität unter Erwachsenen war bereits zwei Jahre vorher, 1969, aus dem Strafrahmen genommen worden. Aber es dauerte noch weitere 44 Jahre, bis 2017 auch gleichgeschlechtliche Paare das Recht zur Eheschließung bekamen. Dies war auch die Folge einer zunehmenden Toleranz der breiten Bevölkerung gegenüber sexuellen Orientierungen und Identitäten jenseits der heterosexuellen Mehrheit und »Missionarsstellung«.

Die Qual der Wahl hinsichtlich sexueller Vorlieben macht es Paaren aber nicht unbedingt leichter, sich zu einigen, was man gemeinsam sexuell verwirklichen will, wie das folgende Beispiel zeigt.

Ein Mann, den ich hier Erich nennen will, lässt sich nach 23 Jahren Ehe mit seiner Frau, die ich hier Maria nenne, auf eine Außenbeziehung mit einer Kollegin ein. In dieser lernt er sadomasochistische Praktiken kennen und schätzen. Nach langen Jahren, in denen er die Sexualität mit Maria als langweilig empfand, hofft er nun, seine Ehe retten und Maria davon überzeugen zu können, die dominante Rolle in ihrem Sexualleben einzunehmen. Trotz seiner Affäre und des dabei begangenen Vertrauensbruchs, den Maria als sehr schmerzlich erlebt, lässt sie sich auf ein Gespräch darüber ein, was Erich sich genau von ihr wünscht, sollten sie ihre Ehe fortführen. Dabei kommt Maria zu dem Schluss, dass seine Wünsche zu weit von ihren eigenen abweichen, um für sie lebbar zu sein. Erich ist wiederum nicht mehr bereit, auf diese für ihn erfüllende Art von Sexualität zu verzichten. Nachdem für Maria klar ist, Erichs Außenbeziehung nicht tolerieren zu wollen, trennt sich das Paar.

Heute scheint also vieles möglich und erlaubt zu sein. Aber nicht alles, was möglich ist, wollen wir auch. Aber woher wissen wir eigentlich, was wir wollen? Mit der sexuellen Freiheit geht die Notwendigkeit einher, herauszufinden, was wir persönlich möchten, weil es nicht mehr selbstverständlich durch gesellschaftliche Normen vorgegeben ist, wie wir Sexualität leben. Die leichte Verfügbarkeit von Pornografie im Internet führt etwa dazu, dass die Vorstellungen vieler Menschen, was sexuell möglich und vermeintlich erstrebenswert oder die Norm ist, verzerrt wird. Filme, die eine leistungsorientierte Form der Sexualität und durchtrainierte Körper zeigen, haben mit der Realität der meisten Menschen wenig zu tun. Trotz der Tatsache, dass dieser Umstand vielen bewusst ist, erzeugen solche Bilder einen erheblichen Leistungsdruck und erschweren die Entwicklung einer selbstbestimmten Sexualität. Wenn der Konsum von Pornografie nicht einvernehmlich mit dem Partner oder der Partnerin stattfindet oder sogar suchtartige Ausmaße annimmt, kann das zu Problemen in der Partnerschaft führen, wie bei Daria und Uwe:

Sie sind seit circa dreißig Jahren verheiratet und haben einen erwachsenen Sohn. Das Paar gerät in eine Krise, als Uwes Pornokonsum zunimmt und er Daria sagt, dass er sie wegen ihres Übergewichts nicht mehr sexuell attraktiv findet. Daria ihrerseits verliert zunehmend den Respekt vor Uwe, der beruflich stagniert und weniger Geld nach Hause bringt. Uwes Pornokonsum empfindet Daria als kränkend und abstoßend. Während Daria Schritt für Schritt ihre eigene Verletzlichkeit und Sehnsucht, sich auch einmal bei Uwe anlehnen zu dürfen, zum Ausdruck bringt, stellt Uwe seinen Pornokonsum nach und nach ein. Dabei nimmt er seine Frau zunehmend wieder als Person wahr, statt ihren Körper mit pornografischen Bildern zu vergleichen. Währenddessen beginnt Daria, Uwe wieder mehr zuzutrauen und Verantwortung zu überlassen. Die Erotik zwischen ihnen lebt dabei wieder auf.

Wer hinsichtlich seiner sexuellen Orientierung einer Minderheit angehört, ist unter Umständen mit Diskriminierung und Spannungen im näheren sozialen Umfeld konfrontiert und dadurch belastet. »Minderheitenstress« kann also den Gesprächsbedarf erhöhen, weil es mehr soziale Konflikte und weniger tradierte Rituale und Vorbilder gibt als bei heterosexuellen Kontakten zwischen zwei Personen. Auf der Beziehungsebene folgen die Abstimmungsprozesse zwischen den Sexualpartner:innen jedoch immer den gleichen Regeln, egal welcher sexuellen Orientierung die Menschen zuneigen. Von wenigen medizinisch bedingten Ausnahmen abgesehen können wir Sexualität als einen Ausdruck der seelischen Befindlichkeit der Partner:innen und ihrer Beziehung verstehen. Unabhängig von den konkreten sexuellen Vorlieben ist eine für alle beteiligten Personen genussvolle Sexualität das Ergebnis einer gegenseitigen Verständigung, bei der die eigenen Wünsche und die der anderen Person in Einklang gebracht werden. Damit sind wir wieder beim Reden. Je mehr »erlaubt« und je weniger vorgegeben ist, desto mehr muss zwischen Sexualpartner:innen abgestimmt werden, was man zusammen erleben und ausprobieren will. Ein Großteil dieser Abstimmung geht nonverbal vonstatten. Erfahrungsgemäß ist es aber für viele Paare hilfreich, über ihre gemeinsame Sexualität auch zu sprechen. In Partnerschaften muss wie eh und je die Schnittmenge zwischen den Wünschen der beteiligten Personen gefunden werden. Aber allen zeitgenössischen Veränderungen zum Trotz hängt Unzufriedenheit mit der Sexualität meistens mit allgemeinen psychischen Belastungen oder Schieflagen in der Liebesbeziehung zusammen.

Sexuelle Freiheit und Alltagswirklichkeit

»Seit die Kinder da sind, haben wir so gut wie keinen Sex mehr. Meine Affäre damals war auch rein sexuell, hatte nichts mit Gefühlen zu tun. Es ist immer noch so, dass wir eigentlich nur funktionieren.«

Mit diesen Worten beschreibt ein Mann, den ich hier Jasper nennen will, die Situation in seiner Ehe mit Johanna. Ihre Kinder sind vier und sechs Jahre alt und Jaspers Affäre liegt circa fünf Jahre zurück. Jasper ist selbstständig und arbeitet an vier Wochentagen zwölf Stunden. Den Nachmittag des fünften Tages verbringt er mit seiner Tochter aus seiner ersten Ehe, die jedes zweite Wochenende bei ihm und Johanna verbringt. Jasper hat das Gefühl, seine beruflichen und familiären Verpflichtungen gerade eben so erfüllen zu können und dass es für seine persönlichen Wünsche dabei keinen Spielraum gibt. Seine Frau Johanna arbeitet halbtags und hat einen hohen Anspruch an sich als Mutter. Das führt dazu, dass auch sie sich verausgabt und abends so müde ist, dass sie sich von Jasper nur noch wünscht, dass er ihr bei der Kinderbetreuung und im Haushalt hilft.

Es wäre sicher verkürzt zu behaupten, dass Männer grundsätzlich Nähe über Sex herstellen, während Frauen über emotionalen Austausch Nähe aufbauen und aus dieser Nähe heraus Lust auf Sex bekommen. Ähnliche Konstellationen begegnen mir aber sehr oft, und Konflikte sind unter solchen Umständen geradezu vorprogrammiert. Die Rollenverteilung kann aber auch durchaus umgekehrt und die Herangehensweise an sexuelle Begegnungen bei Partner:innen sehr unterschiedlich sein. Das führt dann unter Umständen dazu, dass eigentlich beide die gleiche Sehnsucht haben und trotzdem nicht zueinanderfinden. Er sagt, dass er Sex will, und meint damit unausgesprochen, und wahrscheinlich auch unbewusst, dass er sich nach Verbundenheit sehnt. Sie fühlt sich nicht gemeint, weil ein Gefühl von Verbundenheit aus ihrer Sicht die Voraussetzung für Sex ist. Bei einer solchen Dynamik besteht die Gefahr, dass beide sich verschließen. Er, weil er sich zurückgewiesen fühlt, sie, weil sie sich nicht als Person gemeint fühlt. Kommt Ihnen dieser Zyklus bekannt vor? Wenn ja, sind Sie nicht allein. Und wahrscheinlich ist es Ihnen schon mal gelungen, ihn zu durchbrechen. Wie haben Sie das gemacht? Versuchen Sie, sich daran zu erinnern. Es ist nämlich wahrscheinlich, dass Sie das immer wieder einmal gezielt tun müssen, um Sex mit Ihrem Partner oder Ihrer Partnerin zu haben. Denn, wie gesagt: Zwei Liebende können einen gegensätzlichen Zugang zu Sexualität haben und sozusagen aus entgegengesetzten Richtungen kommen. Und in diesen Fällen braucht es ein schrittweises Aufeinanderzugehen, um zusammenzukommen. Dabei läuft eine Abstimmung der Bedürfnisse beider Personen ab, dessen Ergebnis eine Schnittmenge ist, in der sich beide wohlfühlen.

Johanna und Jasper finden sich in diesem Muster wieder. Es entlastet beide, zu erfahren, dass ihre unterschiedlichen Zugänge zu Sexualität völlig normal und kein Ausdruck von Desinteresse oder Lieblosigkeit sind. Diese Erleichterung hilft ihnen, in ein Gespräch darüber zu kommen, wie beide sowohl ihre eigenen wie auch die Bedürfnisse der beziehungsweise des jeweils anderen berücksichtigen können. Ein erster Schritt besteht für sie darin, eine Babysitterin zu engagieren, um einen Abend zu zweit zu verbringen. Damit beginnen sie, aus dem Zyklus von Funktionieren, Über-die-eigenen-Grenzen-Gehen und Einander-Anklagen herauszutreten und sich einen Freiraum zu schaffen, in dem sie wieder Interesse aneinander erleben können.

Schauen wir uns diesen Prozess einmal genauer an. Man kann das menschliche Seelenleben als einen kontinuierlichen Ablauf von Annäherung, Kontakt, Distanzierung, Annäherung usw. verstehen. Wir bemerken bei uns zunächst eher diffus eine Unruhe oder Anspannung. Dann bildet sich eine deutliche Wahrnehmung heraus, die wir als ein Bedürfnis empfinden. Aus diesem Bedürfnis heraus steuern wir etwas an, das dieses Bedürfnis zu befriedigen verspricht. Wenn wir z. B. Hunger spüren, kommen wir auf die Idee, in die Küche zu gehen und uns einen Apfel zu nehmen. Wir essen den Apfel, verleiben ihn uns ein, werden gewissermaßen eins mit ihm. Diese Phase des Prozesses wird als »voller Kontakt« bezeichnet und als befriedigend erlebt. Daran schließt sich eine Phase an, in der das Erlebnis des vollen Kontakts nachklingt, wir z. B. wahrnehmen, dass das Bedürfnis befriedigt wurde, uns eventuell bewusst wird, dass wir uns wohlfühlen, der Hunger gestillt ist und eine Entspannung eintritt. Aus dieser Sättigung heraus tritt bald ein neues Bedürfnis in den Vordergrund, z. B., in der Küche für Ordnung zu sorgen. Dann setzt ein neuer Kontaktzyklus ein, der idealerweise dazu führt, dass die Küche aufgeräumt wird, sich eine Befriedigung angesichts der ordentlichen Küche und damit Entspannung einstellt, bis schließlich das nächste Bedürfnis auftaucht usw.

In den beschriebenen Beispielen ist der Kontaktprozess ideal verlaufen. Es gibt jedoch selbst bei solchen relativ einfachen Prozessen mehrere Stellen, an denen Störungen auftreten können. Schauen wir uns an, was alles passieren kann, wenn ein hungriger Mensch, nennen wir ihn Ben, einen Apfel isst. Am Anfang steht die Wahrnehmung einer diffusen Unruhe, aus der sich ein fassbares Bedürfnis herausbildet. Für manche Menschen ist es schwierig, ihre Bedürfnisse wahrzunehmen. Sie spüren die Anspannung, ohne sofort das Bedürfnis benennen zu können, und müssen viel seelische Energie dafür aufwenden, zu erkennen, was sie brauchen. Ben ist zunächst gereizt, ohne zu wissen, warum.

Sobald das Bedürfnis erkannt ist, kommt die Frage auf, ob und wie es erfüllt werden kann. Ob Ben sein Hungergefühl mit der Suche nach Nahrung beantwortet oder nicht, ist nicht selbstverständlich, da viele Menschen sich bekanntlich viele Gedanken darüber machen, wie viel sie essen sollten. Sie vertrauen nicht einfach den Signalen ihres Körpers. Ähnlich verhält es sich mit der Frage, *was* gegessen wird. Das Beispiel des Apfels macht es uns an dieser Stelle einfach. Ihn kann Ben vermutlich genussvoll essen, ohne dass sich störende Gedanken einstellen, wie es etwa bei Schokolade oder Chips vielleicht der Fall wäre.

Nehmen wir also an, Ben will gerade in seinen Apfel beißen, als ihm einfällt, dass er noch etwas erledigen muss. Er nimmt sich nicht die Zeit, den Apfel in Ruhe zu essen, sondern macht sich kauend an die Arbeit. Den Geschmack des Apfels und die Sättigung im Magen nimmt er nicht wahr. Es stellen sich weder Genuss noch Entspannung ein. Ben verbringt die nächsten Stunden in einem nervösen Zustand.

Was hat das Essen eines Apfels mit meiner Sexualität zu tun?

Den Verlauf eines intimen Kontakts zwischen zwei Menschen können wir uns auch als Ablauf verschiedener Phasen vorstellen, die idealerweise für beide Beteiligten zu einem Höhepunkt führen, der anschließend ausklingt, dabei reflektiert und verinnerlicht wird, um daraufhin in den nächsten Kontaktprozess überzugehen. Das gilt sowohl für körperliche als auch für emotionale Intimitätserlebnisse. Im Unterschied zu Hunger oder Ordnungssinn ist menschliche Intimität allerdings ein wesentlich komplexeres Bedürfnis und der Weg zu ihr daher wesentlich störungsanfälliger.

Johanna, die wir bereits kurz kennengelernt haben, stellt fest, dass sie dazu neigt, ihre eigenen Bedürfnisse zu übergehen. Momentan wird diese Neigung verstärkt durch ihre Verantwortung für ihre Kinder, ihr wird aber bewusst, dass sie grundsätzlich aus einem Mangel an Selbstbewusstsein heraus ihre Bedürfnisse nicht wichtig genug nimmt. Wenn sie es doch einmal tut, bekommt sie oft Schuldgefühle und bricht die Beschäftigung bald ab. Ähnlich, wie Ben seinen Apfel nicht genießt, gönnt sich Johanna keine Auszeit, um z. B. etwas zu nähen, was sie früher immer gern getan hat. Als ihr bewusst wird, dass dieses Verhalten nicht nur ihr selbst schadet, sondern auch ihre Ehe und den Zusammenhalt ihrer Familie gefährdet, beginnt Johanna vorsichtig, ihre Aufmerksamkeit mehr nach innen zu lenken und deutlicher als bisher zum Ausdruck zu bringen, was sie möchte und was nicht.

Jasper freut sich sehr über diese Entwicklung. Er nimmt seine Frau dadurch deutlicher als eigenständige Person wahr und empfindet dabei ein zunehmendes Interesse an ihr. Er erkennt, dass Johannas scheinbare Gleichgültigkeit gegenüber Sex statt eines Zeichens von mangelnder Zuneigung das Ergebnis von biografisch bedingtem Mangel an Selbstwert und der aktuellen Lebenssituation als Mutter junger Kinder ist. Er reflektiert, dass er dazu neigt, sich sehr zu verausgaben, dabei über seine Grenzen zu gehen und von seinen Partnerinnen zu erwarten, dass sie seinen Mangel an Selbstfürsorge durch vermehrte Zuwendung ausgleichen. Sowohl Johanna als auch Jasper scheinen unbewusst zu hoffen, dass die oder der jeweils andere die eigenen Bedürfnisse erkennt und befriedigt, ohne dass sie ausgesprochen werden müssen.

Kurz darauf lernt Jasper eine Frau kennen, zu der er sich hingezogen fühlt. Von ihr fühlt er sich verstanden und geschätzt. Dabei wird ihm bewusst, wie sehr er sich nach Wertschätzung und Bestätigung sehnt. Er erzählt Johanna von dieser Entwicklung, verzichtet aber auf einen sexuellen Kontakt mit der neuen Bekannten. Johanna ist sehr getroffen von Jaspers Gefühlen. Sie kann sie vor allem deshalb nicht verstehen, weil sie und Jasper gerade dabei waren, sich anzunähern und bewusst etwas für ihre Beziehung zu tun. Gleichzeitig sieht sie einen Fortschritt darin, dass Jasper dieses Mal die Anziehung der anderen Frau bewusst reflektiert, einen sexuellen Kontakt mit ihr vermeidet und Johanna davon erzählt.

Wir können also festhalten, dass Johanna und Jasper das Wahr- und Ernstnehmen ihrer Bedürfnisse nach Intimität üben können. Damit ist die Wahrscheinlichkeit hoch, dass die erste Phase des Kontaktprozesses gelingt. Im nächsten Schritt geht es darum, sich zu orientieren und ein Ziel anzusteuern, das das Bedürfnis befriedigen kann. An dieser Stelle scheint Jasper dazu zu neigen, sich eher neuen Bekanntschaften zuzuwenden als Johanna. Von den anderen Frauen erhofft er sich mehr Bestätigung und er stellt sich vor, dass Johanna ihn zurückweisen würde – was sie manchmal auch getan hat. Johanna ihrerseits wendet sich nicht nach außen, aber auch nicht an Jasper. Sie ist wütend und verunsichert durch seine Hinwendung zu anderen Frauen und fürchtet, erneut verletzt zu werden. Ihren Ärger bringt sie aber nicht zum Ausdruck. Sie neigt dazu, ihre Sehnsucht nach Verbundenheit im Kontakt mit ihren Kindern zu stillen statt bei Jasper.

Jasper und Johanna scheuen also seit einiger Zeit vor einem vollen Kontakt und Intimität miteinander zurück, um sich vor Verletzungen zu schützen. Wenn sie sich doch ausnahmsweise einmal trauen, aufeinander zuzugehen und Intimität, ob nun körperlich oder emotional, zuzulassen, können sie sie auch genießen. Sie geben sich in diesen Momenten hin und erleben eine lustvolle Verschmelzung. Im Nachkontakt neigen allerdings beide dazu, das Erlebnis infrage zu stellen, statt es auf dem Haben-Konto ihrer Liebesbeziehung zu verbuchen. Johanna verfällt dann schnell in ihre Selbstzweifel und kann nicht glauben, dass sie Jasper wirklich genügt. Jasper neigt zwar weniger zu negativen Gedankenketten, nimmt sich aber selten die kurze Muße, um das Erlebnis der Intimität mit seiner Frau zu integrieren, sondern geht schnell wieder zum Alltag über. Diese mangelnde Integration des wertvollen Erlebnisses macht es unwahrscheinlich, dass Jasper und Johanna darauf aufbauen und eine Aufwärtsspirale im Kontakt miteinander in Gang setzen können.

Kommt Ihnen der eine oder andere Aspekt dieses Prozesses bei Jasper und Johanna bekannt vor? Wenn Sie vermuten, dass es in Ihrer Paarbeziehung Befürchtungen und/oder schwelende negative Gefühle gibt, die dazu führen, dass Sie Kontaktprozesse mit Ihrem Partner oder Ihrer Partnerin an der einen oder anderen Stelle unterbrechen, schlage ich vor, dass Sie diese Vorgänge zunächst »nur« bewusst zu beobachten versuchen. »Nur« setze ich hier in Anführungszeichen, weil das reine Beobachten, ohne etwas verändern zu wollen, nicht leicht ist. Es ist aber von entscheidender Bedeutung, dass Sie Ihr eigenes Verhalten und Erleben im Kontakt mit Ihrer Partnerin oder Ihrem Partner nur bewusst wahrnehmen und es nicht bewerten. Versuchen Sie dabei, eine wohlwollende Haltung sich selbst gegenüber einzunehmen und davon auszugehen, dass Sie gute Gründe für das Verhalten haben, das Sie sich angewöhnt haben.

Es kann sein, dass es für Sie besonders wichtig ist, Ihre Bedürfnisse deutlich genug zu spüren. Alles, was Ihnen hilft, sich zu entspannen, ist hilfreich dafür, denn wir können uns auf die seelischen Prozesse nur einlassen, wenn wir uns sicher fühlen. Es braucht wahrscheinlich auch ein bisschen Zeit, um nach innen zu spüren und sich zu verdeutlichen, was Sie gerade brauchen. Dabei ist es gut möglich, dass mehrere Bedürfnisse auftauchen, die einander zu widersprechen scheinen. Womöglich spüren Sie, dass Sie sich nach Zuwendung und Zärtlichkeit sehnen, und schon taucht der Gedanke auf, dass Sie sich z. B. vorhin beim Nachhausekommen noch so darüber geärgert haben, dass Ihr:e Partner:in bei der Begrüßung so abwesend wirkte. Ist es denkbar, genau diese widersprüchlichen Impulse mitzuteilen? Gefühle zu haben, die sich auf einer logischen Ebene zu widersprechen scheinen, ist völlig normal. Nicht geäußerte unangenehme Gefühle blockieren oft den Fluss der Kontaktprozesse und hindern

Paare so daran, miteinander eine erfüllende Sexualität zu erleben.

Vielleicht können Sie Ihre Bedürfnisse und Gefühle gut wahrnehmen und äußern und sind offen dafür, sich auf die Bedürfnisse Ihrer Partnerin oder Ihres Partners einzustellen, können sich hingeben, loslassen, Lust empfinden, zum Höhepunkt kommen – und doch bleibt im Anschluss ein schales Gefühl zurück? Was spricht dagegen, sich darüber zu freuen, dass Intimität möglich ist? Was hindert Sie daran, dankbar zu sein für die Verbundenheit und die Lust, die Sie erlebt haben? Sträubt sich etwas in Ihnen dagegen, sich einem anderen Menschen so verbunden zu fühlen? Was passiert mit Ihrem Selbstwertgefühl, während Sie sich mit diesen Fragen beschäftigen? Ich weiß, dass dies schwierige Fragen sind. Und vielleicht passen sie nicht für Sie. Ich möchte aber darauf aufmerksam machen, dass auch der Nachkontakt kostbar ist für den weiteren Verlauf Ihrer Liebesbeziehung.

Wenn Sie Unterbrechungen im Kontakt mit Ihrer Partnerin oder Ihrem Partner beobachten, kann das ein Zugang zu Veränderungen sein. Möglicherweise stellen Sie dabei z. B. fest, dass Sie Wünsche hinsichtlich der Sexualität haben, die Sie nicht aussprechen.

Wie gehe ich mit unausgesprochenen Wünschen um?

Auch unausgesprochene Wünsche können wir als eine Art von Kontaktunterbrechung verstehen, wenn Sie etwas, was Ihnen wichtig ist, aus dem Kontakt mit Ihrem Partner oder Ihrer Partnerin heraushalten. Vielen Paaren fällt es sehr schwer, offen über ihre sexuellen

Vorlieben und Abneigungen zu sprechen. Falls Sie denken, dass Ihnen im sexuellen Bereich unausgesprochene Wünsche im Weg stehen, schlage ich vor, dass Sie mit einem kleinen Schritt beginnen: Bitten Sie Ihren Partner oder Ihre Partnerin, eine Kleinigkeit, die Sie gut mitteilen können, zu verändern. Ich weiß, dass es Sie unter Umständen viel Mut kostet, einen sexuellen Wunsch zu äußern. Für viele Menschen sind solche Experimente mit Scham und Angst vor Zurückweisung verbunden. Seien Sie also gnädig und geduldig mit sich. Versuchen Sie, das Thema möglichst spielerisch anzugehen. Und bedenken Sie dabei, dass ein gewisses Maß an Unterschiedlichkeit zwischen den Partner:innen sowie Abwechslung die Erotik beleben kann.

Eine gute Möglichkeit, sich über Themen auszutauschen, die mit Ängsten verbunden sind, sind Zwiegespräche. Vereinbaren Sie mit Ihrer Partnerin oder Ihrem Partner ein eineinhalbstündiges Gespräch, in dem Sie sich im 15-Minuten-Takt abwechseln und in der Ich-Form über das sprechen, was Sie beschäftigt. Die Regel, einander dabei nicht zu unterbrechen, auch nicht mit mimischem Ausdruck, vermindert die Gefahr von verletzenden Reaktionen erheblich. Die Entschleunigung, die die Zeittaktung bewirkt, schafft einen Raum, um aufmerksam zu sprechen beziehungsweise zuzuhören und achtsam auf das Gesagte einzugehen. Normalerweise sind Zwiegespräche thematisch offen. Wenn Sie sich aber mit Ihrem Partner oder Ihrer Partnerin darauf einigen, dass Sie über Ihre Sexualität sprechen möchten, kann ein Zwiegespräch einen Rahmen bilden, der Sicherheit vermittelt. Das setzt allerdings voraus, dass beide Beteiligten sich an die Regeln halten (s. a. »Anleitung für Zwiegespräche«, S. 243).

Manche Ratgeber empfehlen, mit dem Partner oder der Partnerin mehr über die eigenen sexuellen Fantasien zu sprechen. Meine Erfahrung ist, dass viele Menschen Hemmungen haben, das zu tun. Es wäre verständlich, falls es Ihnen auch so geht. Denn damit würden Sie etwas sehr Persönliches preisgeben, ohne zu wissen, wie Ihr Gegenüber darauf reagieren wird. Ich möchte Sie aber dazu ermutigen, Ihre Fantasien anzunehmen, auch gesetzt den Fall, dass sie Ihnen ungehörig oder merkwürdig erscheinen. In der Fantasie dürfen wir alles und können wir alles und das hilft uns, mit den Grenzen fertig zu werden, die die Realität uns spüren lässt. Es ist menschlich, Fantasien zu haben, die wir nicht in der Realität umsetzen wollen. Wann immer Sie sich nicht für Ihre Fantasien verurteilen, können Sie entspannter genießen, was in der Realität machbar ist. Und falls ein:e Sexualpartner:in Ihnen von einer Fantasie erzählt, die Sie verunsichert, versuchen Sie, sie nicht persönlich zu nehmen. Diese Fantasie hat zunächst einmal nichts mit Ihnen zu tun. Damit kommen wir zu einem weiteren wichtigen Aspekt von sexuellen Begegnungen.

Kann ich Nein sagen?

Je vielfältiger die Optionen sind, desto wichtiger ist es, in einem guten Kontakt mit sich selbst zu sein, seine Bedürfnisse wahrzunehmen und auch zu vertreten. Einen Wunsch, der einem wichtig ist, nicht zu äußern stellt eine Kontaktunterbrechung dar. Denn damit verschweige ich etwas, das wesentlich ist für den Kontakt mit der anderen Person, was sich auch auf die Beziehung auswirkt. Daher möchte ich Sie ermutigen, dann und wann damit zu experimentieren, sexuelle Wünsche und Fantasien auszusprechen. Wir alle verändern uns im Laufe der Zeit und entwickeln uns weiter. Damit verändern sich auch unsere sexuellen Bedürfnisse, und das ist gerade in langjährigen Beziehungen gut so, weil so die Erotik durch Überraschungen belebt wird.

Sehr zentral in sexuellen Begegnungen ist auch die Fähigkeit, wahrzunehmen und mitzuteilen, was wir *nicht* wollen. Wenn wir uns nicht trauen, Nein zu sagen, ist es schwierig, sich überhaupt auf eine sexuelle Begegnung einzulassen, weil wir unter diesen Umständen damit rechnen müssen, dass etwas mit uns geschieht, was wir gar nicht wollen. Menschen, die negative Konsequenzen befürchten, falls sie Nein sagen, schützen sich vor dieser Gefahr, indem sie sexuelle Kontakte von vornherein meiden. Sollte es Ihnen so gehen, haben Sie vermutlich die Erfahrung gemacht, dass von Ihnen gezogene Grenzen nicht respektiert wurden. Dann ist es umso wichtiger, dass Sie selbst Ihre eigenen Grenzen annehmen und gut für sich sorgen, indem Sie sich so viel Sicherheit wie möglich verschaffen. Nehmen Sie sich die Zeit, die Sie brauchen, um das Vertrauen und die Gewissheit aufzubauen, dass Ihre Wünsche und Grenzsetzungen vom Gegenüber respektiert werden. Das Bedürfnis nach Sicherheit ist in dieser Hinsicht sehr verständlich und normal – auch wenn Medien und gesellschaftliche Trends suggerieren, dass es modern sei, sexuell hemmungslos zu sein.

Die Realität der sexuellen Begegnungen zwischen Menschen sieht vielmehr, wie schon gesagt, so aus, dass der Abstimmungsbedarf mit der Anzahl der Optionen steigt. In polyamoren Beziehungen z. B. muss man die eigenen Bedürfnisse nicht nur mit einem, sondern mit mehreren Menschen austarieren. Und aller Präsenz von Sexualität in den Medien zum Trotz kostet es die meisten Menschen Überwindung, über Sex zu sprechen. Trotzdem möchte ich Sie dazu ermutigen, es hin und wieder zu versuchen, da es erleichternd und belebend wirken kann. Damit möchte ich aber auf keinen Fall einen Leistungsdruck verstärken, der oftmals durch die mediale Präsenz von »Hochleistungssex« befeuert wird.

Wie kann ich beim Sex den Leistungsdruck hinter mir lassen?

Leistungsdruck wirkt sich hinderlich auf die Sexualität aus. Vor allem Männer haben häufig Versagensängste oder schämen sich, falls sie weniger potent sind, als sie gern wären. Aber auch Frauen haben oftmals Vorstellungen davon, wie sie sich beim Sex verhalten und fühlen sollten, die wenig mit ihrem eigenen tatsächlichen Erleben und ihren eigenen Wünschen zu tun haben. Wie schon gesagt trägt heutzutage die mediale Darstellung von Sex zu einer Vermittlung von sexuellen Normen bei, die wenig realistisch sind.

Sex hat mit Hingabe zu tun, loslassen und entspannen können. Leistungsdruck ist das Gegenteil davon. Er peilt ein bestimmtes Ziel an, das von vornherein feststeht und unbedingt erreicht werden soll. Wenn wir unter Leistungsdruck stehen, gibt es keinen Raum für ein verspieltes Einlassen auf den Augenblick: spüren, was ich selbst gerade möchte, wahrnehmen und ausprobieren, wie ich meiner Partnerin oder meinem

Partner in diesem Augenblick eine Freude machen kann, genießen, was sich jetzt gut anfühlt.

Um den Leistungsdruck aus der Sexualität herauszunehmen, kann es hilfreich sein, als Paar zu vereinbaren, eine Zeit lang keinen Geschlechtsverkehr zu haben und »nur« Zärtlichkeiten auszutauschen. Sie können z. B. mit Ihrer Partnerin oder Ihrem Partner die Verabredung treffen, zwei Monate lang ausschließlich zärtlich miteinander zu sein, ohne einander gezielt sexuell zu erregen. Dabei ist es entscheidend, dass beide Beteiligten sich an die Verabredung halten. Damit entfällt der Druck, eine Erektion beziehungsweise einen Orgasmus zu erreichen. Nehmen Sie während der Zärtlichkeiten bewusst wahr, was passiert, wie Sie sich fühlen und wie Sie den Kontakt zu Ihrem Partner oder Ihrer Partnerin dabei erleben.

In langjährigen Beziehungen ist es unvermeidlich, dass Erotik und sexuelle Aktivität abnehmen. Dabei spielt die Tatsache eine bedeutsame Rolle, dass Abwechslung erotisierend wirkt. Weniger Leistungsdruck schafft vielleicht Raum für mehr Experimentierfreude.

Wie kann ich unsere Erotik beleben?

An dieser Stelle möchte ich einem möglichen Missverständnis vorbeugen: So wichtig in Bezug auf Sex ein empathischer Umgang in der Partnerschaft auch ist, soll damit nicht gesagt sein, dass vor allem Harmonie die Erotik fördert. Im Gegenteil kann eine erotische Anziehung nur aufkommen, wenn die beiden Liebenden gerade nicht innig verschmolzen, sondern als eigenständige Individuen füreinander erkennbar sind. Die Unterschiedlichkeit der Liebenden gilt als das Salz in der Suppe ihrer Gemeinsamkeiten. Der sogenannte Versöhnungssex nach einem Streit macht deutlich, wie belebend es sein kann, wenn die Unterschiedlichkeit der Partner:innen und Konflikte deutlich werden dürfen, statt tabuisiert zu werden. Zur Regel würde ich diese Strategie zwar nicht machen, denn sofern Sie den Streit als Vorspiel gewohnheitsmäßig brauchen, könnte es auf die Dauer anstrengend werden. Bei den meisten Menschen kommt aber am ehesten irgendwo zwischen den Polen von Fremdheit/ Spannung und Vertrautheit/Entspannung erotische Anziehung auf.

Erotik wird von der Unabhängigkeit der Partner:innen gespeist. Eine vertrauensvolle Beziehung ist nicht zu verwechseln mit einer Beziehung, in der sich die Partner:innen voneinander abhängig fühlen. In langjährigen Paarbeziehungen tritt die gegenseitige Fürsorge oft in den Vordergrund. Nun ist das verständlich und Fürsorge an sich wertvoll. Wenn sie allerdings die Beziehung dominiert, entstehen Umgangsformen zwischen den Liebenden, die einer Eltern-Kind-Beziehung ähneln. Und in einer Eltern-Kind-Beziehung ist Sex tabu. Das ist ein Dilemma, in das viele Paare geraten.

Ein Paar, das ich hier Nicole und Martina nennen will, hat zwei schulpflichtige Kinder. Nicole hat beide Kinder ausgetragen, ihren Beruf einige Jahre lang nicht ausgeübt und sich vor allem um die Kindererziehung und den Haushalt gekümmert. Martina ist sehr engagiert in ihrem Job und verdient gut, sodass sie lange froh war, dass Nicole ihr zu Hause den Rücken freihielt. Inzwischen leiden aber beide Partnerinnen darunter, dass Nicole wenig selbstbewusst ist, nicht mehr mit

Martina ausgehen will und sich zunehmend darauf verlässt, dass Martina Dinge erledigt, die ihr unangenehm sind, wie Finanzangelegenheiten oder Behördengänge. Nicole vermisst Martinas Wertschätzung für das, was sie für die Familie leistet, und fühlt sich von ihrer Partnerin nicht respektiert. Martina hat den Eindruck, die sensible Nicole beschützen und unterstützen und gleichzeitig allein den Unterhalt der Familie gewährleisten zu müssen. Diese Rolle der »Immer-Starken« empfindet sie als Einengung und Überlastung. Martina merkt, dass sie sich für andere Frauen zu interessieren beginnt. Die Sexualität der Partnerinnen ist seit einigen Jahren zum Erliegen gekommen.

Die beiden Frauen reflektieren, dass die Rollenverteilung, die sie vorgenommen haben, sinnvoll war, als ihre Kinder klein waren. Inzwischen fühlt sie sich für das Paar aber nicht mehr stimmig an. Martina geht zunehmend ohne Nicole aus und besucht z. B. Konzerte, was sie früher gern gemeinsam getan haben. Nicole wird zunächst eifersüchtig, nimmt dann aber ihre frühere berufliche Selbstständigkeit langsam wieder auf. Das fällt ihr schwer und sie hat mit Versagensängsten zu kämpfen. Nach und nach erlebt sie aber auch Erfolge, die ihr Selbstwertgefühl stärken. Die Stimmung in der Partnerschaft hellt sich auf, was sich positiv auf die Erotik des Paares auswirkt.

Was bedeutet Sex für mich?

Da die menschliche Sexualität kein rein hormonell getriebener Akt zur Zeugung von Nachwuchs ist, sondern in komplexer Weise unsere Persönlichkeiten und die

Art der Liebesbeziehung spiegelt, kann sie mit sehr unterschiedlichen Bedeutungen aufgeladen sein und unterschiedliche Funktionen haben.

Seit moderne Verhütungsmethoden die menschliche Sexualität weitgehend von der Konsequenz der Schwangerschaft entkoppelt haben, was ja eine relativ junge Entwicklung ist, können wir sie unabhängig von ihrem biologischen Zweck der Zeugung erleben. Damit entsteht aber auch ein Rechtfertigungsdruck. Das Risiko einer Schwangerschaft kann heute nicht mehr als Grund angegeben werden, wenn jemand keinen Sex möchte. Damit rücken andere Funktionen der Sexualität in den Vordergrund.

Sex kann ein Ausdruck der Verbundenheit mit dem Sexualpartner/der Sexualpartnerin sein. Er kann als höchste oder deutlichste Form von Intimität mit einem anderen Menschen erlebt werden. Intime Begegnungen setzen für viele Menschen ein gewisses Maß an Vertrauen voraus und stärken häufig die Bindung der beiden Personen zueinander.

Sex darf auch ein aufregendes und lustvolles Erlebnis sein, das mit einem gewissen Risiko und »Kick« verbunden ist. Äußere Umstände wie Verbote und Tabus, wie z. B. die Möglichkeit, entdeckt zu werden, verstärken unter Umständen das Erlebnis eines sexuellen Abenteuers.

Sich begehrt zu fühlen stärkt das Selbstwertgefühl. Sex kann deshalb auch als Quelle von Bestätigung und Ausdruck von Wertschätzung erlebt werden. So erstrebenswert diese mögliche Wirkung von Sexualität einerseits auch ist, kann sie andererseits ein suchtartiges Verhalten befördern. In solchen Fällen muss dann immer wieder die Erfahrung gesucht werden, begehrt zu werden, um dadurch das eigene Selbstwertgefühl zu stützen.

Sexuelles Erleben und vor allem der Orgasmus sind zudem Erfahrungen, die mit Erregung, Lust und anschließender Entspannung verbunden sind. Diese intensiven körperlichen Empfindungen gehen einher mit einer psychischen Entspannung und Glücksgefühlen, die uns guttun.

Es wird wohl deutlich, dass die menschliche Sexualität viele Funktionen haben kann. Ich beschreibe hier nur kurz die Varianten, die mir am häufigsten begegnen. Finden Sie sich in einer oder mehreren davon wieder? Wenn ja, ist es möglicherweise sinnvoll, zu überlegen, ob und wenn, wie Sie die Bedürfnisse, deren Erfüllung Sie mit Sexualität verbinden, auch auf eine andere Art und Weise erfüllen können. Hiermit will ich nicht dafür plädieren, auf Sex zu verzichten. Es könnte aber Ihre Liebesbeziehung entlasten und einen Raum für Veränderung eröffnen, sofern Sie das Thema Sexualität ohne Druck angehen. Denn, wie wir schon im Zusammenhang mit dem Thema Leistungsdruck gesehen haben, erschweren Gefühle wie Anspannung und Erwartungsdruck das Empfinden erotischer Anziehung.

Folgende Fragen helfen vielleicht, sich nicht allzu sehr auf den Wunsch nach (mehr) Sex zu fixieren, damit die Leichtigkeit und das Gefühl von Selbstbestimmtheit und Freiwilligkeit bei Ihnen und Ihrer Partnerin oder Ihrem Partner nicht verloren gehen:

- *Wie können Sie noch Verbundenheit und Innigkeit mit Menschen erfahren außer beim Sex?*
- *Welche Möglichkeiten gibt es, etwas Aufregendes, Verbotenes zu tun? Wo können Sie Abenteuer erleben?*

- *Welche anderen Quellen von Selbstbestätigung, sich begehrt oder bewundert zu fühlen kennen Sie?*
- *Welche Möglichkeiten außer Sex gibt es für Sie, Ihren Körper zu spüren, eine intensive körperliche An- und Entspannung zu erfahren?*
- *Bei welchen Begegnungen mit Menschen fühlen Sie sich entspannt und neugierig? Unter welchen Umständen ist das möglich? Nehmen Sie Ihre Bedürfnisse ernst, ohne etwas verändern zu wollen. Es ist verständlich und gut, falls Sie womöglich vorsichtig sind. Achten Sie gut auf Ihre persönlichen Grenzen.*

Ich erlebe häufig, dass eine Person mehr oder weniger vehement Sex einfordert und die andere unter Druck gerät und sich blockiert fühlt, woraufhin die erste noch vehementer wird usw. Wenn Sie sich mit diesen Fragen beschäftigen und sich bemühen, unabhängig vom Sex für sich selbst zu sorgen, nimmt das vielleicht etwas Druck aus der Situation in Ihrer Liebesbeziehung. So beugen Sie eventuell einem Interaktionszyklus von Druck und Abwehr zwischen Ihnen und Ihrem Partner oder Ihrer Partnerin vor.

Die Person in einer Partnerschaft, die weniger Sex will, entscheidet letztlich darüber, wie viel Sex es gibt. Das kann sich so anfühlen, als hätte diese Person eine gewisse Macht, während die Person, die sich mehr Sex wünscht, sich hilflos und abgewiesen fühlt. Die Person, die ein geringeres Bedürfnis nach Sex äußert, empfindet diese Position aber selten als machtvoll. Vielmehr erlebt sie meistens eine zunächst schwer benennbare innere Hürde beziehungsweise fühlt sich gehemmt und weiß nicht, wie sie dieses Gefühl überwinden soll.

Ermutigen Sie Ihre Partnerin oder Ihren Partner dazu, auszusprechen, was in ihr oder ihm vorgeht, wenn es um Sex geht. Versuchen Sie, eher Brücken zu bauen, als Druck auszuüben.

Uneinigkeit bezüglich der gemeinsamen Sexualität ist fast immer ein Ausdruck von psychischen Belastungen oder Kommunikationsproblemen, die noch nicht bewusst sind. Körperliche Beeinträchtigungen, die die Sexualität beeinflussen, sind selten, aber möglich und sollten ärztlich abgeklärt werden. Sowie Sie Ihre Aufmerksamkeit weniger auf Ihre Partnerin oder Ihren Partner richten, sich gut um sich selbst kümmern, Ihr Selbstvertrauen stärken und sich um offene und ehrliche Gespräche in Ihrer Liebesbeziehung bemühen, stehen Ihre Chancen gut, Ihre Sexualität genießen zu können.

Intimität wagen – nur wie?

Es gibt Paare, die jahrelang ohne Sex leben. Es ist eben sehr unterschiedlich, welche Bedeutung Menschen der Sexualität zurechnen. Manche Menschen haben kein Bedürfnis nach Sex, andere spüren ein Bedürfnis danach und haben zugleich Angst vor Intimität. Intimität in dem Sinne, dass wir uns zeigen, wie wir wirklich sind, kostet Mut. Sie kann nämlich auch beinhalten, Gefühle oder Gedanken, die uns unangenehm sind, zu benennen. Paare, die über lange Jahre keine Sexualität miteinander leben, vermeiden oft den Austausch über Enttäuschungen oder Konflikte oder tabuisieren Aspekte ihrer Beziehung, die sie als beschämend empfinden.

Ein Beispiel: Ein Paar, das ich hier Sybille und Jörg nennen will, bekommt mithilfe einer anonymen Samenspende ein Kind, weil Jörg zeugungsunfähig ist. Das Paar hält diese Umstände der Zeugung geheim, auch vor dem Sohn und den eigenen Eltern. Vom Moment der künstlichen Befruchtung an hat das Paar keinen gemeinsamen Sex und gerät circa 18 Jahre später in eine Krise, als Sybille zufällig erfährt, dass Jörg mit einer Bekannten schläft.

Menschliche Sexualität findet bekanntlich vor allem im Kopf statt und es gibt nicht *den* einen Grund, wenn sie nicht befriedigend gelebt werden kann. Vielmehr kommen verschiedene Aspekte zusammen, sobald zwei Menschen zusammenleben und über längere Zeit keine Sexualität leben. Man könnte sich auch fragen, wie sie es schaffen, die Finger voneinander zu lassen, obwohl zärtlicher Körperkontakt so wohltuend und damit verführerisch sein kann. So betrachtet ist der Verzicht auf Sex eine Leistung, für die es gewichtige Gründe gibt. Für Sybille und Jörg ist es z. B. zu schmerzlich, ihre Enttäuschung und Scham darüber, dass sie nicht auf natürlichem Wege ein Kind zeugen konnten, anzuerkennen und darüber zu sprechen. Für den Fall, dass wir solche schmerzlichen Gefühle auf Dauer aus unserer Partnerschaft verbannen, kann eine tiefe Kluft zwischen den Liebenden entstehen.

Ein kleines Zwischenfazit: Es kostet Mut, sich so zu zeigen, wie wir wirklich sind, mit unserer Verletzlichkeit, Scham und Angst. Vor allem, wenn wir die Erfahrung gemacht haben, nicht akzeptiert zu werden. Dann braucht es unter Umständen sorgfältige Selbstfürsorgemaßnahmen, um eine Zurückweisung aushalten zu können. Was immer Ihnen guttut, Sie stärkt, ist hier genau richtig. Besinnen Sie sich darauf, wer *Sie* sind, was *Sie* ausmacht, was *Sie* wollen, was für *Sie* wesentlich ist. Richten Sie Ihren Fokus auf sich selbst und darauf, was Sie für sich tun können, unabhängig von Ihrem Partner, Ihrer Partnerin oder Ihren Partner:innen. Wenn Sie sich hiernach in Ihrem Selbstwert sicher und gut zentriert fühlen, gehen Sie in Ihrer Partnerschaft ins Gespräch über Ihre gemeinsame Sexualität und teilen Sie mit, was für Sie wesentlich ist. Für den Fall, dass die Reaktion Ihres Gegenübers darauf nicht so ausfällt, wie erhofft, lassen Sie sich nicht entmutigen, sondern bleiben Sie ruhig und bei sich und schauen Sie, was passiert. Denken Sie daran, dass wir Gefühle nicht selektiv betäuben können. Lassen wir die schmerzlichen Gefühle nicht zu, erleben wir auch nicht die liebevollen. In diesem Sinne müssen wir leiden können, um lieben zu können.

Jasper und Johanna beginnen, regelmäßig Zwiegespräche zu führen. In ihrem Rahmen spricht Johanna mehr als gewohnt über sich und bringt auch zum Ausdruck, wie sehr sie sich von Jaspers Verhalten gegenüber anderen Frauen verletzt fühlt. Das Paar bringt seine Kinder für mehrere Tage bei den Großeltern unter. Wieder zu zweit haben sie einmal mittags spontanen Sex und freuen sich beide darüber. Jasper verspricht Johanna, weniger zu arbeiten, sobald ein erkrankter Kollege wieder einsatzbereit ist. Johanna gewinnt an Selbstbewusstsein und spricht Konflikte zeitnah an, während Jasper wiederkehrende Muster in seinem eigenen Verhalten in Liebesbeziehungen reflektiert. Er erkennt, dass er dazu neigt, den Kontakt zu seinen Partnerinnen zu unterbrechen und sich nach außen zu orientieren, wenn er sich ungenügend bestätigt fühlt.

Diese Einsicht nimmt er zum Anlass, seine vernach-
lässigten sportlichen Hobbys wieder aufzunehmen, die
sein Selbstwertgefühl und zugleich sein Körpergefühl
positiv beeinflussen. Im Laufe dieser Entwicklungen
wirken Johanna und Jasper zunehmend entspannt und
lebhaft. Sie schöpfen Hoffnung, wieder öfter Freude
aneinander haben zu können.

KAPITEL SECHS

UNSERE STREITIGKEITEN ESKALIEREN

»Wir streiten uns immer öfter und immer heftiger. Wir sagen dann schlimme Dinge zueinander, werden auch laut, manchmal sogar vor den Kindern. Hinterher wissen wir manchmal gar nicht mehr, was der Auslöser war. Das sind eigentlich nebensächliche Dinge. Aber dann gibt ein Wort das andere und schon wird es wieder verletzend. Das ist sehr anstrengend, aber wir kommen da einfach nicht raus.«

So beschreibt ein junger Vater, nennen wir ihn Markus, die Konfliktdynamik zwischen ihm und seiner Frau Sandra. Sie haben zwei Kinder im Kindergarten- und Grundschulalter, beide Eltern sind berufstätig und die Großeltern wohnen weit weg. Markus und Sandra haben das Gefühl, als Eltern gut zu funktionieren, fürchten aber, ihre Liebe zu verlieren.

In Paarbeziehungen etabliert sich im Laufe der Zeit oft eine Konfliktdynamik, die bei jeder Auseinandersetzung sehr ähnlich abläuft und sich aufs Neue wiederholt. Das geschieht unabhängig vom aktuellen Auslöser und fühlt sich für die Betroffenen unvermeidlich an. Sie haben den Eindruck, dem immer gleichen Ablauf der Konflikte ausgeliefert zu sein, ohne ihn beeinflussen zu können. Dabei ist ihnen häufig klar, dass es nicht wirklich um die scheinbaren Auslöser oder Anlässe der Konflikte geht, wie z. B. die berühmte Zahnpastatube, die in der Mitte gedrückt wird. Worum es aber tatsächlich geht, was die Partner:innen einander tatsächlich so übel nehmen oder womit sie einander wirklich auf die Palme bringen, ist ihnen oft nicht bewusst. Wenn es ihnen bewusst wäre, könnten sie die eigentlichen Konflikte vielleicht lösen, statt sich im Kreis zu drehen.

Es gibt verschiedene Zugänge, um ungünstige Streitmuster zu verändern. Häufig ist es sinnvoll, sich zunächst um einen möglichst sicheren, beruhigenden Rahmen für Gespräche zu bemühen, bevor man sich den belastenden Themen zuwendet. Je sicherer und ruhiger sich die Beteiligten fühlen, desto größer ist die Chance, dass beide im Gespräch alle ihre Kompetenzen zur Verfügung haben, statt aus starken Affekten heraus zu sprechen.

Wie können wir Druck aus dem Kessel nehmen?

Ein möglicher Ansatzpunkt, um die Situation zu entschärfen, sind die sogenannten Emotionsregulationsmechanismen. Hinter diesem Wortungetüm verbirgt sich ein Prinzip, das heutzutage häufig vernachlässigt wird. Stark vereinfacht gesagt gibt es drei Mechanismen, die unsere Emotionen regulieren:

1. Das *Alarmsystem,* es dient dazu, im Notfall schnell viel Energie zu mobilisieren, damit wir auf Gefahren reagieren können. Das Stresshormon Adrenalin wird dann vermehrt ausgeschüttet und trägt dazu bei, dass wir im Ernstfall auf die in dem Moment wesentlichen Aspekte der Gefahrensituation fokussiert sind. Wir entwickeln in solchen Momenten eine Art von Tunnelblick, der uns hilft, schnell und effektiv zu reagieren, indem wir z. B. weglaufen, gegen die Bedrohung ankämpfen oder erstarren, bis die Gefahr vorüber ist. Dieser emotionale Zustand ist überlebenswichtig, wenn wir uns in körperlicher Gefahr befinden. Angenommen, dass wir z. B. einen Rauchgeruch wahrnehmen, ist es äußerst sinnvoll für unser Überleben, uns darauf zu fokussieren, uns möglichst schnell in Sicherheit zu bringen.

2. Ein weiterer Emotionsregulationsmechanismus wird als *Antriebssystem* bezeichnet. Auch in dieser Verfassung sind wir auf ein bestimmtes Ziel fokussiert, das aber positiv besetzt ist. Das können z. B. sportliche Aktivitäten, berufliche Aufgaben oder ein Familienausflug sein. Das Antriebssystem ist ins uns aktiviert, wenn wir etwas erreichen oder erleben wollen. Auch dieses System wird unter anderem durch Adrenalin gesteuert und durch einen Tunnelblick geprägt, der bewirkt, dass unser Bewusstsein auf ein bestimmtes Ziel ausgerichtet ist, das wir erreichen wollen. Dabei können wir Spaß oder Erfolgserlebnisse haben. Dieser Emotionsregulationsmechanismus ist sehr beliebt und besitzt einen hohen Stellenwert in unserer gegenwärtigen Kultur.

3. Der dritte Emotionsregulationsmechanismus ist das *Ruhe-Fürsorge-System.* In diesem befinden wir uns, gesetzt den Fall, dass wir uns in eine ruhige Situation mit wenig Ablenkung und Anforderungen von außen begeben und nichts Bestimmtes erreichen wollen. Dann können wir uns auf das einlassen, was uns gerade begegnet, sei es in uns selbst oder im Kontakt mit den Menschen, mit denen wir gerade zusammen sind. In dieser Verfassung können wir unser Herz öffnen und uns dafür interessieren, wie es unserem Gegenüber wirklich geht, was es beschäftigt, was für es von Bedeutung ist. Dieser Emotionsregulationsmechanismus wird in unserer gegenwärtigen Kultur tendenziell vernachlässigt und in seiner Bedeutung unterschätzt.

Markus und Sandra sind sich einig, dass sie seit der Geburt ihres ersten Kindes das Ruhe-Fürsorge-System nur noch für die Kinder, nicht aber füreinander aufbauen. Alle drei Emotionsregulationsmechanismen sind wichtig und notwendig. Unsere Aufgabe besteht darin, eine wohltuende Balance zwischen ihnen herzustellen. In unserem Zusammenhang ist vor allem das Ruhe-Fürsorge-System von Bedeutung, weil es Entspannung und die Wahrnehmung von Beziehungsaspekten ermöglicht, die im Tunnelblick der Alltagshektik oft zu wenig Raum bekommen. Natürlich sind auch positive Erlebnisse und Spaß wichtiger Dünger für die Liebesbeziehung. Vernachlässigen Paare aber über längere Zeit das Ruhe-Fürsorge-System, leidet ihre emotionale Verbindung darunter, weil diese entscheidend auch vom Austausch der Emotionen lebt, auf die wir uns nur einlassen können, wenn wir uns sicher und nicht von äußeren Anforderungen in Anspruch genommen fühlen.

Indem Sie also dafür sorgen, dass das Ruhe-Fürsorge-System einen festen Platz in Ihrer Liebesbeziehung bekommt, schaffen Sie gute Voraussetzungen dafür, dass das allgemeine Anspannungsniveau in Ihrer Partnerschaft und damit die Wahrscheinlichkeit von Eskalationen sinkt. Im Ruhe-Fürsorge-System sind wir entspannt genug, um uns viele Aspekte einer Situation zu vergegenwärtigen und komplexe emotionale Konstellationen reflektieren zu können. Konflikte mit Menschen, die uns wichtig sind, rufen ja widersprüchliche Gefühle hervor und machen uns Angst.

Warum kommt er/sie mir manchmal so fremd vor?

Ein Phänomen, das häufig dazu führt, dass Liebende ihre Positionen als extrem gegensätzlich oder geradezu unvereinbar empfinden, ist die sogenannte Polarisierung. Sie bezeichnet den unbewussten Versuch, eine Balance herzustellen, der aber das Gegenteil bewirken kann. Wenn eine Person eine Position einnimmt, ist es sehr wahrscheinlich, dass ihr Gegenüber dazu tendieren wird, Aspekte zu ergänzen, die in der zuerst geäußerten Position nicht enthalten sind. Auf einer sachlichen Ebene ist diese Tendenz, die sich meist unbewusst vollzieht, sehr sinnvoll, um der Komplexität der Realität gerecht zu werden. Sobald es aber um emotional bedeutsame Inhalte geht, kann es als verletzend empfunden werden, falls die eigene Position vom Gegenüber nicht bestätigt wird.

Doris und Olaf »streiten nur noch«. Während Doris im Verlauf von Streitigkeiten beständig lauter wird, bis sie schließlich zu heftigen Vorwürfen und beleidigenden Ausdrücken greift, wird Olaf dabei zusehends stiller und schaut dann »aus Trotz« Pornos oder führt Chats mit anderen Frauen. Parallel zu diesen Entwicklungen haben Doris und Olaf immer seltener Sex miteinander.

Olaf hat eine 22-jährige Tochter namens Leonie. Von deren Mutter hat er sich getrennt, um mit Doris zusammenzuleben. Leonie, die sich Doris gegenüber sehr unfreundlich verhält, wird wiederholt zum Anlass für Auseinandersetzungen zwischen Doris und Olaf. Olaf sagt selbst, dass er sich Leonie gegenüber hilflos fühlt, weil sie so »stur« sei. Da sie den Kontakt zu ihrer Mutter abgebrochen hat, befürchtet er, Leonie nie wiederzusehen, wenn er darauf besteht, dass sie Doris gegenüber »zumindest die üblichen Höflichkeitsformen« wahrt. Doris fühlt sich wie das sprichwörtliche fünfte Rad am Wagen und zweifelt an Olafs Liebe. Sie verlangt von ihm, Leonie Konsequenzen spüren zu lassen, sollte diese Doris nicht freundlicher behandeln. Olaf entgegnet daraufhin, unter diesen Bedingungen könnten die beiden Frauen sich eben nicht mehr begegnen, worauf Doris verzweifelt erwidert, das nütze ihr nichts. In ihrer Aufgeregtheit sagt sie anschließend abwertende Dinge über Olaf und Leonie. So schaukeln sich die scheinbar gegensätzlichen Positionen hoch. Beide stehen vor einem Rätsel und können das Verhalten der oder des jeweils anderen überhaupt nicht nachvollziehen.

Doris trägt immer »dicker auf« und vertritt eine zunehmend rigidere Position bezüglich Leonie aus dem Gefühl heraus, Olaf nicht zu erreichen. Inzwischen will sie etwa, dass Olaf Leonie verbietet, das Haus zu betreten. Kontakte zwischen den beiden Frauen zu vermeiden ist die einzige Lösung, die Olaf sich vorstellen kann.

Wie kann ich einer Polarisierung entgegenwirken?

Wenn Ihnen diese Dynamik bekannt vorkommt, fühlen Sie sich vermutlich hilflos und ärgern sich über das Verhalten Ihrer Partnerin oder Ihres Partners. Wahrscheinlich machen Sie ihm oder ihr auch Vorwürfe. Das wäre verständlich, da ihr oder sein Verhalten sehr konträr zu Ihrem wirkt und es unter diesen Bedingungen unmöglich erscheint, an einem Strang zu ziehen.

Eine solche Situation ist kräftezehrend und erschwert gegenseitiges Verständnis und gemeinsame Entspannung.

Aber bekanntlich ist Erkenntnis der erste Schritt zur Besserung. Zu erkennen, dass in Ihrer Liebesbeziehung eine Polarisierung stattfindet, ist der wichtigste Schritt zur Veränderung. Wie soeben beschrieben sind Polarisierungen zunächst einmal ein sinnvoller Versuch, für einen Ausgleich in einem System, hier einem Familien- beziehungsweise Paarsystem, zu sorgen. Schwierig wird diese Strategie, sobald sich die Rollen verfestigen.

Versuchen Sie, auf respektvolle Weise mit Ihrem Partner oder Ihrer Partnerin über Ihren Verdacht, dass Sie sich in einer Polarisierung verfangen haben, zu sprechen. Würdigen Sie dabei ihren oder seinen Versuch, für eine Balance zu sorgen. Beschreiben Sie, wie es Ihnen mit Ihrer Rolle in diesem System ergeht und inwiefern die Rolle, in die Sie geraten sind, schmerzlich für Sie ist. Die beiden scheinbar so gegensätzlichen Positionen sind genau genommen die beiden Seiten einer Medaille. Wahrscheinlich wollen Sie eigentlich beide das Gleiche und gehen die Sache nur aus entgegengesetzten Richtungen an.

Olaf und Doris fühlen sich so hilflos und frustriert, dass sie keinen anderen Ausweg mehr sehen als eine Trennung. Als sie sich das eingestehen, wird ihnen bewusst, dass sie in den letzten Jahren andere Konflikte gut bewältigt haben und sich einander nur so fremd fühlen, wenn es um Leonie geht. Olaf würde es am liebsten dabei belassen, dafür zu sorgen, dass Leonie und Doris nicht mehr aufeinandertreffen. Als Doris ihm unter Tränen erklärt, dass sie eigentlich gar nicht so streng ist, wie sie sich inzwischen Leonie gegenüber zeigt, beginnt sich der Gesprächston zwischen dem Paar zu verändern. Doris beschreibt, dass sie ihren eigenen Kindern gegenüber nicht streng gewesen sei und das auch gar nicht zu ihr passe. So wird ihre Perspektive für Olaf nachvollziehbar, und er beginnt zu verstehen, dass Doris' Aufgebrachtheit ein Ausdruck ihres Bindungsbedürfnisses ist. Die Fronten zwischen Olaf und Doris beginnen aufzuweichen, allmählich erscheinen ihnen ihre beiden Positionen nicht mehr so gegensätzlich.

Doris und Olaf haben sich so lange so tief in scheinbar unvereinbare Haltungen hineinmanövriert, dass sie völlig verblüfft sind von der Idee, dass sie sich eigentlich das Gleiche wünschen, nämlich dass sie beide und Leonie entspannt und wertschätzend miteinander umgehen und einander unkompliziert begegnen können.

Wenn Paare beginnen, die Not hinter der auf den ersten Blick so befremdlichen Position der oder des anderen zu verstehen, ist viel gewonnen. Manchmal sind die Streitmuster aber so sehr zur Gewohnheit geworden, dass es viel Übung braucht, um neue Verhaltensmuster zu etablieren.

Wie kann ich den nächsten Streit verhindern?

Eine Möglichkeit, um aus einer verfestigten Konfliktdynamik auszusteigen, besteht darin, erste Warnzeichen für eine Streiteskalation wahrzunehmen und den Prozess bewusst zu unterbrechen. Sie können folgende vier Schritte gezielt üben, um Eskalationen zu vermeiden. Sie sollten das aber auf jeden Fall vorher mit Ihrer Partnerin oder Ihrem Partner absprechen, um keine unnötigen Irritationen aufkommen zu lassen:

1) *Halten Sie inne, unterbrechen Sie den Streit und suchen Sie getrennte Räume auf.*

2) *Richten Sie Ihre Aufmerksamkeit auf Ihre Atemempfindungen, beruhigen Sie sich und nehmen Sie innerlich Abstand zum Geschehen, um es zu reflektieren.*

3) *Wenn Sie selbst in der Lage sind, sachlich und zugleich liebevoll auf Ihre Partnerin oder Ihren Partner zuzugehen, fragen Sie, ob sie oder er auch so weit ist, das Gespräch wieder aufzunehmen. Falls nicht, warten Sie ab. Es ist individuell unterschiedlich, wie lange Menschen brauchen, um sich zu beruhigen und auf eine Metaebene gehen zu können.*

4) *Vereinbaren Sie regelmäßige Zwiegespräche (s. a. »Anleitung für Zwiegespräche«, S. 243).*

Es kann sehr frustrierend sein, wenn Konflikte nicht zu konstruktiven Lösungen, sondern nur zu weiteren Verletzungen führen. Daher ist es wichtig, unbefriedigende Konfliktdynamiken möglichst schnell zu unterbrechen.

Worum geht es bei unserem Streit wirklich?

Sobald Sie so weit sind, dass Sie erste Alarmzeichen erkennen und eine Eskalation verhindern können, ist es von grundlegender Bedeutung, zu verstehen, worum es bei Ihrem Streit in Wirklichkeit geht. Immer wieder berichten Paare, dass sie scheinbar wegen Lappalien in Streit geraten. Die Art und Weise, wie die Spülmaschine eingeräumt wird, wird dann scheinbar zum Anlass, einander Dinge zu sagen, die man hinterher bereut, mit Gegenständen zu werfen, einander vielleicht sogar zu schlagen. Die Aggressivität, die dabei zum Ausdruck kommt, hat ein Ausmaß, das in keinem nachvollziehbaren Verhältnis zum scheinbaren Auslöser des Streits steht. In solchen Fällen lohnt es sich, den Ablauf des Konflikts genau anzuschauen, um eine Idee davon zu bekommen, welche Möglichkeiten Sie haben, den Prozess in eine andere, liebevollere Richtung zu steuern.

Im Kapitel über Sexualität ist ein prototypischer Kontaktprozess beschrieben, der verdeutlicht, was wir können müssen, damit unsere Bedürfnisse zu ihrem Recht kommen. Die Tatsache, dass es Interessenkonflikte gibt, sobald zwei Individuen zusammenleben, ist unvermeidlich. Der Prozess, der idealerweise dazu führt, dass die Personen einen für beide akzeptablen Kompromiss finden, ist störungsanfällig. Die gute Nachricht ist, dass wir mit ein wenig detektivischer Arbeit herausfinden können, an welcher Stelle der Prozess falsch abbiegt und zu einem unbefriedigenden Ergebnis führt.

Dafür ist es notwendig, den Ablauf der Auseinandersetzung genau zu beobachten. Das ist nicht leicht, weil wir im Konfliktfall ja emotional aufgewühlt sind. Wenn Sie im Gespräch mit Ihrer Partnerin oder Ihrem Partner sind und ahnen, dass ein Konflikt naht, versuchen Sie, innerlich aus dem Geschehen herauszutreten und zu registrieren, was das Verhalten Ihres Gegenübers emotional bei Ihnen auslöst und wie Sie darauf reagieren. Experimentieren Sie damit, genau das, was

Sie wahrnehmen, zu beschreiben. Bemühen Sie sich darum, nicht laut zu werden und keine Vorwürfe oder Interpretationen des Verhaltens der anderen Person zu formulieren. Bleiben Sie bei sich und sprechen Sie in der Ich-Form von sich. Sie können auch mitteilen, dass Sie gerade versuchen, herauszufinden, wie Sie beide aus der Eskalationsspirale aussteigen können. Voraussetzung für solche Selbstbeschreibungen ist die Bereitschaft, sich verletzlich zu zeigen. Wenn Sie sich mit der Person, die Sie lieben, streiten, werden Sie sich vermutlich traurig, wütend, hilflos, beschämt, ängstlich oder von allem etwas fühlen. Solche Gefühle zum Ausdruck zu bringen, kostet Mut, weil wir uns in diesen Momenten schwach fühlen und fürchten, erneut verletzt zu werden. Solange wir uns dagegen aggressiv zeigen, fühlen wir uns stark und hoffen letztlich, die andere Person einzuschüchtern. Damit stellen wir aber keinen liebevollen Kontakt her, was ja eigentlich unser Bedürfnis ist in unserer Liebesbeziehung.

Beobachten Sie genau, wann Sie in die Versuchung kommen, verbal zurückzuschlagen, zu gehen oder womöglich zu schweigen und innerlich auszusteigen. Sobald wir uns bedroht fühlen, neigen wir zu archaischen Reaktionen, die in der Psychologie als »fight, flight or freeze« (Kampf, Flucht oder Erstarren) bezeichnet werden. So verständlich solche Reaktionen sind, so wenig führen sie in Konflikten zwischen Liebenden weiter.

Folgende Fragen können Ihnen vielleicht helfen, im Ernstfall zu reflektieren, was wirklich vor sich geht:

- *Welche Gedanken tauchen bei Ihnen auf, wenn Ihr:e Partner:in Kritik äußert oder eine andere Meinung hat, etwas anderes will als Sie?*

- *Welche Gefühle sind mit diesen Gedanken verbunden?*
- *Welche Körperempfindungen gehen mit diesen Gefühlen einher?*
- *Welche Handlungsimpulse tauchen auf, sooft Sie diese Empfindungen und Gefühle spüren?*
- *Was hält Sie davon ab, diese – vermutlich schmerzlichen – Gefühle mitzuteilen? Was würde passieren, wenn Sie es täten?*
- *Was könnte schlimmstenfalls passieren?*

Kommen wir auf Doris und Olaf zurück, die über Jahre immer wieder in scheinbar unlösbare Konflikte wegen Olafs Tochter Leonie gerieten. Doris beschreibt, dass sie denkt, Olaf liebe Leonie mehr als sie, insofern er dieser ihren Willen lässt. Doris sagt, dass sie in solchen Augenblicken wütend wird. Als Nächstes spricht sie darüber, dass sie sich in diesen Konflikten in einer Rolle gefangen fühlt, in der sie sich selbst nicht wiedererkennt und in der sie unglücklich ist. Olaf denkt, dass er Doris verlieren könnte, und spürt dabei, wie sein Herz vor Angst klopft. Statt wie bisher zu schweigen, beschreibt er, was in ihm vorgeht. Zum ersten Mal seit Langem spürt Doris, dass sie Olaf wichtig ist und dass es nicht nur das Haus und das gemeinsame Hobby sind, die ihn von einer Trennung abhalten.

Angst, Traurigkeit, Hilflosigkeit – diese Gefühle sind schwer auszuhalten, sodass wir sie gern vermeiden. Umgehen wir sie, spüren wir aber tragischerweise auch keine Liebe mehr. Angenommen, Sie schaffen es, dass beide Partner:innen ihre Bedürfnisse ausdrücken, statt einander zu bekämpfen, besteht die Chance, Lösungen zu finden, die den Bedürfnissen beider gerecht werden.

Wie finden wir einen tragfähigen Kompromiss?

Sowie Sie Eskalationen und damit weitere gegenseitige Verletzungen vermeiden können, ist viel gewonnen. Nun stellt sich die Frage, wie Sie es schaffen, so lange im Gespräch über einen Konflikt zu bleiben, bis Sie eine tragfähige Lösung finden. Dafür müssen Sie sich zunächst in die Lage versetzen, das Anderssein Ihrer Partnerin oder Ihres Partners nicht persönlich zu nehmen und nicht als bedrohlich zu empfinden, sondern einfach anders zu bewerten. Abgesehen davon, dass Paare häufig unterschätzen, wie viel Zeit und Ausdauer es braucht, um einander zu verstehen, gibt es auf diesem Weg einige Stolperstellen zu überwinden.

Erfahrungsgemäß verfestigen sich unproduktive Konfliktdynamiken in Partnerschaften vor allem, wenn beide sich unbewusst an schwierige Erlebnisse in ihrer Kindheit erinnert fühlen und ungewollt wie damals reagieren. Solange sich beide Partner:innen gleichzeitig so hilflos und verängstigt fühlen wie als Kind gegenüber den Eltern, sind sie nicht in der Lage, auf ihre erwachsenen Kompetenzen zur Konfliktlösung zurückzugreifen.

Die Nähe, die in Liebesbeziehungen entsteht, ähnelt in mancher Hinsicht der in Eltern-Kind-Beziehungen. Haben wir als Kinder Konflikte mit den nahen Bezugspersonen als bedrohlich, die Eltern als sehr aufgebracht und vielleicht auch Strafen als Konsequenz erlebt, können die mit solchen Sequenzen verbundenen Gefühle im Rahmen der Liebesbeziehung reaktiviert werden.

Solche Erfahrungen können z. B. zur Folge haben, dass es Ihnen auch als erwachsener Mensch noch

schwerfällt, die eigenen Bedürfnisse deutlich wahrzunehmen und mitzuteilen. Dann hoffen Sie womöglich
unbewusst, dass die andere Person spürt oder ahnt,
was Sie brauchen, damit Sie es nicht selbst formulieren und damit einen Konflikt riskieren müssen. Diese
Hoffnung wird aber selten erfüllt, weil niemand alle
Ihre Bedürfnisse erahnen kann. Außerdem sind Sie in
einer solchen Verfassung schwer als erwachsenes Gegenüber zu erkennen und zu respektieren.

Möglicherweise schaffen Sie es, Ihre Bedürfnisse
wahrzunehmen und zu äußern, scheuen aber davor zurück, sich der anderen Person mit ihren Anliegen zu
öffnen. Es kann herausfordernd sein, uns einem anderen Menschen zuzuwenden und uns wirklich für seine
Befindlichkeit und seine Sehnsüchte zu interessieren,
ohne uns davon überwältigt zu fühlen und uns selbst
dabei zu verlieren. Die gute Nachricht ist, dass wir die
hohe Kunst des Bei-sich-und-zugleich-beim-anderen-
Seins üben können.

Eine weitere Hürde liegt unter Umständen darin,
einen gelungenen Kontakt mit Ihrem Partner oder
Ihrer Partnerin im Nachhinein nicht wertschätzen zu
können. Manchmal fühlt es sich wie ein Selbstverlust
an, zu akzeptieren, dass wir auf wohltuende Begegnungen mit anderen Menschen angewiesen sind. Zudem
kann es eine Neigung geben, auch positive Begegnungen infrage zu stellen oder zu entwerten. In solchen
Fällen wird die Chance, die darin liegt, dass beide Personen sich offenbart und verletzlich gezeigt haben,
nicht ergriffen, um daraus einen gemeinsamen Nenner abzuleiten. So wird letztlich dann doch verhindert,
dass es zu einer Lösung des Konfliktes kommt. Eine
solche Reaktion ist für die Partnerin oder den Partner

in der Regel sehr frustrierend und entmutigend, weil der eigene seelische Aufwand ständig wieder verpufft und man sich entwertet fühlt.

Wenn Sie den Eindruck haben, dass Konflikte zwischen Ihnen und Ihrer Partnerin oder Ihrem Partner wiederholt zu sehr ähnlichen belastenden Dynamiken führen, ist es wahrscheinlich, dass Sie immer wieder an einer ähnlichen Stelle im Konfliktlösungsprozess stecken bleiben.

Die folgenden Fragen sollen Sie dabei unterstützen, für sich herauszufinden, an welchen Stellen Sie persönlich die Möglichkeit haben, ein neues Verhalten auszuprobieren. Ich empfehle Ihnen, diese Fragen nicht nur zu lesen, sondern sich Zeit zur Reflexion zu nehmen und bewusst wahrzunehmen, was sie bei Ihnen emotional auslösen.

- *Was ist mein Bedürfnis, sofern sich abzeichnet, dass mein Partner oder meine Partnerin etwas anderes will als ich? Was ist wirklich mein Bedürfnis oder meine Sehnsucht? Was würde ich mir wünschen, wie mein Gegenüber idealerweise auf mein Bedürfnis reagiert?*
- *Was bewegt mich dazu, das Bedürfnis meiner/ meines Liebsten als Affront zu bewerten? Was hindert mich daran, das Bedürfnis verstehen zu wollen? Was wäre, wenn ich es verstehen würde?*
- *Welche alte Wunde reißt das Verhalten meiner Partnerin beziehungsweise meines Partners möglicherweise auf? Wird da ein Schmerz berührt, der älter ist als der aktuelle Konflikt? Wird da ein Schmerz spürbar, den ich aus früheren Beziehungen, eventuell schon seit meiner Kindheit kenne?*

- *Was würde es für mich bedeuten, einen Kompromiss einzugehen? Wie würde es sich anfühlen, einen mittleren Weg zu gehen und mich mit meiner Partnerin oder meinem Partner zu vertragen? Was hält mich davon ab, dankbar zu sein für die Selbstäußerungen und die Empathie meiner/meines Liebsten? Was hindert mich daran, ein wenig Autonomie aufzugeben zugunsten eines Gefühls von Verbundenheit mit ihr oder ihm?*

Die Beschäftigung mit diesen Fragen führt z. B. bei Olaf dazu, dass er sich eingesteht, wie unwohl er sich eigentlich mit seinem uneindeutigen Verhalten Leonie gegenüber fühlt. Ihm wird bewusst, dass er nicht nur Angst vor einem Kontaktabbruch hat, sondern auch aus Schuldgefühlen wegen der Scheidung von Leonies Mutter heraus nachgiebiger ist, als es ihm und Leonie guttut. Außerdem wird ihm klar, dass er Angst vor seiner Verantwortung als Vater hat. Sobald er gegenüber Leonie eine klare Position vertreten würde, wäre Olaf gezwungen, zu dieser zu stehen und bei deren Missachtung durch seine Tochter Konsequenzen zu ziehen. Das macht ihm Angst. Olaf fällt es sehr schwer, zu dieser Angst zu stehen. Statt zu versuchen, Doris seine Not zu beschreiben, zieht er sich emotional zurück, wenn sie beginnt, ihm Vorwürfe zu machen.

Ein bewährter Rahmen für Gespräche über emotional bedeutsame Themen sind die sogenannten Zwiegespräche, auf die ich in diesem Buch wiederholt eingehe. Dabei spricht das Paar neunzig Minuten lang miteinander. Die neunzig Minuten teilen sich in sechsmal 15 Minuten Redezeit auf, in denen beide Personen abwechselnd konsequent in der Ich-Form über das sprechen, was gerade wesentlich für sie ist. Währenddessen hört die andere Person aufmerksam zu, ohne zu unterbrechen. Diese Gesprächsform hilft vielen Paaren, eine neue Art des Austauschs einzuüben. Die Gesprächsregeln erleichtern das bewusste Wahrnehmen und Aussprechen emotional schwieriger Themen. Auch die Zeittaktung ist dabei ein wesentlicher Unterschied zur gewohnten Alltagskommunikation, die häufig von Hektik, Unterbrechungen, Vorwürfen und Unaufmerksamkeit geprägt ist (s. a. »Anleitung für Zwiegespräche«, S. 243).

Doris und Olaf führen ein Zwiegespräch, in dem sich Olaf zunächst auf das besinnt, was aus seiner Sicht gerade gut ist in ihrer Beziehung. Er beschreibt, wie sehr er es genießt, wie Doris und er ihren Alltag leben. Er weiß zu schätzen, dass sie ähnliche Bedürfnisse haben bezüglich der Gestaltung des gemeinsamen Hauses, der Mahlzeiten und der Freizeitaktivitäten. Während Olaf spricht, hält Doris sich an die Regel des Zwiegesprächs, aufmerksam zuzuhören, ohne zu unterbrechen. Das ist sehr ungewohnt für sie. Normalerweise hätte sie Olaf längst unterbrochen und einen Vorwurf geäußert. Während sie im Zwiegespräch zuhört, spürt Doris, wie verletzt sie ist und wie sehr sie an Olafs Liebe und Loyalität zweifelt und glaubt, Leonie sei ihm wichtiger als sie. Als Doris an der Reihe ist, von sich zu sprechen, teilt sie Olaf diese Beobachtungen mit und erklärt, dass sie aus ihrer Verletztheit heraus reflexhaft alles Gute zwischen ihnen infrage stellt. Olaf gibt zu, dass er sie versteht. Zugleich versichert er Doris, dass er seit drei Jahren nicht mehr mit anderen Frauen chattet. Er bittet sie, sein Smartphone und seinen PC nicht mehr zu kontrollieren. Doris wird bewusst, dass ihr Bedürfnis, Olaf zu kontrollieren, nicht nur in ihren Erfahrungen mit ihm wurzelt. Das Gefühl, nicht wichtig zu sein und dass andere bevorzugt werden, kennt sie seit ihrer Kindheit. Zudem wurde sie von ihrem ersten Ehemann jahrelang betrogen. Indem sie Olafs Nachrichten kontrolliert, erhofft sie sich Sicherheit, die sie aber nicht findet. Doris erkennt, dass sie eigentlich zutiefst traurig ist, wenn sie Olaf beschimpft und ihm Vorwürfe macht. Es ist ein großer Schritt für sie, das zu sagen, weil sie sich dann verletzlicher fühlt als in einem wütenden Zustand.

Da beide spüren, dass die Zwiegespräche ihnen helfen, deutlich entspannter und konstruktiver miteinander zu sprechen, führen Doris und Olaf sie konsequent einmal pro Woche. Dabei kommen sie auf die Idee, dass die Konflikte mit und wegen Olafs Tochter Leonie vielleicht nicht auf eine Entweder-oder-Entscheidung hinauslaufen müssen. Je mehr die Vorwurf-Rückzug-Dynamik zwischen Doris und Olaf in einen respektvollen und achtsamen Dialog übergeht, desto mehr behandeln sie das Thema Leonie als ein gemeinsames Projekt, in dem die Bedürfnisse aller Beteiligten zu ihrem Recht kommen sollen. Während sie Wünsche statt Vorwürfen formulieren, wird ihnen bewusst, dass sie eigentlich beide die gleiche Sehnsucht haben. Beide wünschen sich, dass sie ihre Liebesbeziehung leben können und Olaf und Leonie ihre Vater-Tochter-Beziehung. Nach einigen Zwiegesprächen entwickelt Olaf die Meinung, dass seine Beziehung zu Leonie sogar davon profitieren könnte, wenn er ihr vermittelte, dass seine väterliche Liebe zu ihr anders geartet ist als seine Liebe zu Doris und dass er nach einem Weg sucht, beides zu leben. Das Paar bespricht auch, dass Doris sich eine entspannte Beziehung zu Leonie wünscht, die freundschaftlich ist.

Die so gezeichnete Vision ist so attraktiv für Olaf und Doris, dass sie sich ernsthaft darum bemühen, respektvoll und ehrlich miteinander zu sprechen. Ab und wann verfallen sie noch in das alte Muster von Abwertung und Ausweichen. Falls das passiert, üben sie dabei nun, dieses Muster bewusst wahrzunehmen, zu unterbrechen und durch Ich-Botschaften, Wünsche und empathische Reaktionen zu ersetzen, bevor es zu einer Eskalation kommt.

Das alte Streitmuster von Doris und Olaf war dadurch gekennzeichnet, dass Olaf auswich und schwieg, während Doris immer lauter und abwertender wurde. Bei manch anderen Paaren eskalieren Streitigkeiten nach einem etwas anderen Muster.

Wenn beide Liebenden dazu neigen, sich verletzt zu fühlen, falls der Partner oder die Partnerin etwas anderes will als sie selbst, und beide schnell die Fassung verlieren und aufbrausend reagieren, können sich Konfliktgespräche sehr schnell aufschaukeln. Dann führen Lautstärke und Wortwahl, vielleicht sogar körperliche Übergriffe, zu neuen Verletzungen, sodass eine Verletzung auf die andere folgt. Derweil sinkt das Vertrauen zwischen dem Paar, woraufhin beide auf einem von vornherein noch höheren Stressniveau in den nächsten Konflikt einsteigen, wodurch eine erneute Eskalation noch wahrscheinlicher wird usw.

Ein solches Vorwurf-Vorwurf-Muster sollten Sie so schnell wie möglich unterbrechen. Das geschieht auf die gleiche Weise wie beim Vorwurf-Rückzug-Muster. Wie bereits erläutert können Sie das tun, indem Sie Ihre Befürchtung mitteilen, dass der Streit wieder eskalieren könnte. Sagen Sie, dass Sie sich zunächst beruhigen möchten, bevor Sie weitersprechen, und suchen Sie einen anderen Raum auf. Gehen Sie erst wieder auf die andere Person zu, wenn Sie sich gefasst haben und sich offen dafür fühlen, sich für die Bedürfnisse und die Sichtweise Ihres Partners oder Ihrer Partnerin zu interessieren. Falls er oder sie noch Zeit braucht, um sich in dieselbe Verfassung zu versetzen, respektieren Sie das und ziehen Sie sich wieder zurück. Erst in dem Moment, in dem sich beide Beteiligten beruhigt haben, sodass sie das Streitgeschehen mit emotionalem Abstand reflektieren können, gehen Sie wieder ins Gespräch miteinander und bemühen sich um eine achtsame Kommunikation. Damit ist gemeint, dass Sie versuchen, sich einander verständlich zu machen und so lange aufmerksam zuzuhören und nachzufragen, bis Sie einander wirklich verstehen können.

Paare unterschätzen meistens, wie ausführlich Menschen miteinander sprechen müssen, um die jeweils andere Sicht- und Erlebensweise nachvollziehen zu können. Das ist völlig normal und kein Zeichen fehlender Liebe. Jedes Individuum lebt in seiner eigenen Wirklichkeit, die sich von der aller anderen Menschen unterscheidet. Das ist nicht böse gemeint und kein Alarmzeichen, sondern einfach Fakt. Sprechen Sie so lange mit Ihrer Partnerin oder Ihrem Partner, bis sich ein erlösendes »Ah, jetzt verstehe ich dich!« einstellt. Als erlösend wird es erlebt, zu begreifen, dass sein oder ihr Verhalten nicht gegen uns gerichtet ist, sondern sich aus Quellen speist, die wir durch das neu Erklärte nun ausmachen können.

Was haben belastende Streitmuster mit Autonomie zu tun?

Bei Jens und Patrick hat sich die Streitdynamik so verfestigt, dass sie ihre Beziehung infrage stellen. In den sechs Jahren, in denen sie zusammenleben, wurden ihre Streitigkeiten immer verletzender. Während Jens schnell laut wird, brüllt und seine Wut sich schlimmstenfalls im Zerschmettern von Geschirr entlädt, greift Patrick zu sehr gemeinen Beleidigungen und Unterstellungen. Dabei entzünden sich die Auseinandersetzungen an scheinbaren Kleinigkeiten, die aber einer von beiden als Unachtsamkeit bewertet. Jens ist eher häuslich veranlagt, während Patrick gern ausgeht. Ein typischer Streitanlass zwischen den Partnern besteht darin, dass Patrick sich mit einem Freund verabredet, ohne das mit Jens abzusprechen. Als Patrick wieder einmal abends in der Tür steht, um zu einer Verabredung zu gehen, schreit Jens ihn an, das sei mal wieder typisch, dass er keine Rücksicht nehme und egoistisch sei und ihn allein lasse. Patrick erwidert, Jens sei eine Couch-Potato und er habe keine Lust, sich mit ihm zu langweilen. Es folgt ein Schlagabtausch mit dem Ergebnis, dass Patrick geht und Jens sich den gesamten Abend sorgt, dass Patrick die Nacht bei einem anderen Mann verbringt.

Inzwischen gibt es kaum noch liebevolle Begegnungen zwischen den Partnern und beide leiden sehr darunter. Dies war schon einmal anders. Zu Beginn ihrer Beziehung erinnern sie sich, hatten sie viel gemeinsam, sie ergänzten sich gut und unterstützten sich gegenseitig. Das Wissen, dass sie es besser können, motiviert Jens und Patrick, ihr verletzendes Streitmuster zu unterbrechen. Sie beginnen damit, getrennte Räume aufzusuchen, sobald sie merken, dass sie im Begriff sind, laut oder beleidigend zu werden. Mit der Zeit gelingt es ihnen, auch mithilfe von Zwiegesprächen, in einen Austausch über die Schutzfunktion der Wut, der Lautstärke und der Abwertungen zu kommen. Jens begreift, dass Patrick es als belastend erlebt, wenn er sich allein auf ihn verlässt und seine anderen Freundschaften und auch verwandtschaftliche Beziehungen vernachlässigt. Patrick seinerseits versteht, dass Jens sich ängstlich und anklammernd verhält, seit Patrick einmal fremdgegangen ist.

Als Patrick beschreibt, wie fordernd Jens' Verhalten für ihn ist, wird diesem klar, dass die Krise in seiner Liebesbeziehung ihn vor eine Entwicklungsaufgabe stellt. Diese sieht Jens darin, selbstständig für sich zu sorgen, indem er Beziehungen und Interessen pflegt, die unabhängig von Patrick sind. Er erklärt seinem Partner, dass er sich ängstlich und hilflos fühlt, sobald dieser ohne ihn ausgeht. Das will er aber nicht zeigen, weil er befürchtet, dass Patrick ihn dann unattraktiv findet und respektlos reagiert. Patrick versteht nun, dass Jens ihn nicht kontrollieren will, sondern dass seine Wut eigentlich Ausdruck seines Bedürfnisses nach Verbundenheit ist. Aus diesem Verständnis heraus ist er bereit, manchmal mit Jens zusammen auszugehen und damit mehr zu ihrer Beziehung zu stehen. Das gibt Jens so viel Sicherheit, dass er es besser aushalten und entspannter reagieren kann, für den Fall, dass Patrick ankündigt, abends allein etwas unternehmen zu wollen.

Eskalierende Streitmuster haben also insofern mit Selbstfürsorge zu tun, als wir umso besonnener agieren können, je niedriger unser Stressniveau ist. Und gleichzeitig geht es bei Streitigkeiten in Paarbeziehungen meistens eigentlich nicht um den scheinbaren Auslöser, sondern um Verletzungen, die durch die Meinungsverschiedenheit berührt werden und wieder schmerzen. Dahinter steht die unausgesprochene Erwartung, dass der Partner oder die Partnerin für uns sorgen soll, ohne dass wir zu unserer Verletzlichkeit stehen müssen. Paradoxerweise müssen wir uns also so weit stärken, dass wir unsere eigene Verletzlichkeit sowie unser Bindungsbedürfnis und damit unsere Abhängigkeit von anderen akzeptieren können, bevor wir unsere Liebsten bitten können, liebevoll auf uns einzugehen. Lieben können bedeutet daher schlussendlich, so autonom zu sein, dass wir uns zu unserem Bindungsbedürfnis bekennen können.

KAPITEL SIEBEN

ICH SEHNE MICH NACH HARMONIE

»Uns ist Harmonie wichtig. Wir haben uns nie gestritten. Das finde ich eigentlich schön. Aber jetzt haben wir uns trotzdem irgendwie verloren. Wir streiten uns auch jetzt nicht, aber ich empfinde im Moment nichts mehr und frage mich, ob ich das ändern kann.«

Es fällt Frederik sehr schwer, diese Worte auszusprechen. Er und seine Frau Cornelia gehen sanft und behutsam miteinander um und es ist ungewohnt für ihn, etwas zu sagen, was ihr wehtut. Diese Rücksichtnahme und Sensibilität wirken berührend. Und gleichzeitig machen Cornelia und Frederik einen unglücklichen und sehr angespannten, ängstlichen Eindruck. Ihre Kommunikation ist wie erstarrt. Beide strengen sich sehr an, die Reaktion der oder des jeweils anderen auf das, was sie zu sagen haben, gedanklich vorwegzunehmen und sich darauf einzustellen. Sie wollen einander auf keinen Fall verletzen und stellen alle Gefühle und Gedanken, die das tun könnten, zurück, um sie mit sich allein auszumachen.

Wer sehnt sich nicht nach Harmonie? Das heißt danach, dass alles gut ist, wir vertrauen können und uns sicher fühlen vor Verletzungen. Wenn wir uns gewiss sind, dass wir akzeptiert und respektiert werden und rücksichtsvoll mit uns umgegangen wird, können wir uns entspannen. Solche Momente genießen wohl die allermeisten Menschen.

Wie lange dauern harmonische Zustände meiner Erfahrung nach?

Es liegt in der Natur der menschlichen Psyche, dass unsere Gefühlswelt wechselhaft ist. Die Intensität der Stimmungswechsel ist je nach psychischer Stabilität der Person unterschiedlich, aber es ist unvermeidlich, dass keine Gefühlslage von langer Dauer ist. Das gilt auch für eine harmonische Stimmung in Ihrer Partnerschaft. Genießen Sie sie, solange sie besteht! Früher oder später wird ein Konflikt aufkommen. Das lässt sich nicht vermeiden und sollte auch nicht vermieden werden.

Für viele Menschen sind Konflikte oder Unterschiede in ihrer Partnerschaft schwer zu ertragen. Die Spannungen, die dadurch entstehen, nehmen vermutlich die meisten als mehr oder weniger belastend wahr. Eine Strategie, um diese emotionale Anspannung zu vermeiden, besteht darin, potenzielle Konfliktherde vorausschauend zu erkennen und ihnen vorzubeugen. Paare entwickeln manchmal ausgefeilte gedankliche »Landkarten« ihrer Beziehung, um auf den vermeintlich bewährten, sicheren Wegen zu bleiben und kein »vermintes Gelände« zu betreten.

Der Preis für diese Harmonie ist, dass es kaum noch Überraschungen, Spontaneität und Begegnungen in der Gegenwart gibt, bei denen die Partner:innen einander so erleben, wie sie in diesem Moment tatsächlich sind. Statt in einen Austausch darüber zu gehen, denken sie darüber nach, was im Gegenüber vorgehen könnte, und bemühen sich, sich darauf einzustellen.

Wie denke ich über Konflikte?

- *Empfinden Sie Unterschiede bei Ihren Bedürfnissen, Interessen oder Ansichten als beunruhigend?*
- *Neigen Sie dazu, Ihre eigenen Impulse zu unterdrücken, wenn Sie denken, dass sie schmerzlich sein könnten für Ihre Partnerin oder Ihren Partner?*
- *Wie bewerten Sie Konflikte in Ihrer Partnerschaft?*
- *Denken Sie, dass es in einer Liebesbeziehung keine Konflikte oder Unterschiede geben sollte?*
- *Halten Sie es für ein Versagen, sobald Sie und Ihr:e Partner:in unterschiedlicher Meinung sind oder unterschiedliche Dinge wollen?*
- *Befürchten Sie, dass ein offen ausgetragener Konflikt der Anfang vom Ende Ihrer Liebesbeziehung sein könnte?*
- *Oder hegen Sie die Vorstellung, dass es egoistisch und unpartnerschaftlich ist, eigene Interessen zu verfolgen, die die Partnerin oder der Partner nicht teilt?*

Viele Menschen setzen Liebe mit Harmonie gleich. Wo zwei Individuen zusammenleben, ist es allerdings unvermeidlich, dass es Interessenkonflikte gibt. Das gilt schon deswegen, weil wir Menschen uns ständig weiterentwickeln und unsere Bedürfnisse sich verändern.

Konflikte sind Ausdruck der Tatsache, dass wir Individuen sind und uns trotz aller grundsätzlichen Ähnlichkeit von allen anderen Menschen unterscheiden. In einem Konflikt wird zunächst etwas offensichtlich, was uns unbekannt ist und was wir nicht verstehen. Diese Unverständlichkeit kann uns beunruhigen, vielleicht sogar Angst machen. Wir können Konflikte aber auch als eine Gelegenheit betrachten, uns selbst und unser Gegenüber näher kennenzulernen. Ergreifen wir in diesen Augenblicken die Chance, uns selbst zu verstehen und zu reflektieren sowie zu lernen, uns mitzuteilen und uns verständlich zu machen! Konflikte sind nicht das Ende, sondern ein Anfang, etwas über die Wirklichkeit unseres Gegenübers zu erfahren, um anschließend herauszufinden, ob es einen gemeinsamen Nenner gibt, wie groß dieser und von welcher Beschaffenheit er ist. Sind diese Gedanken über Konflikte neu für Sie? Wie geht es Ihnen dabei, Konflikte aus dieser Perspektive zu betrachten?

Cornelia und Frederik führen ein bürgerliches Leben mit kirchlichem Engagement, Eigenheim und zwei Söhnen im Grundschulalter. Sie sprechen von einem Bilderbuch-Familienleben, wozu ein schöner Garten und ein stets sauberes, ordentliches und hübsch dekoriertes Haus zählen. Beide Eltern sind voll berufstätig und haben im Laufe der Jahre ihre Zweisamkeit weitgehend aufgegeben. Darüber hinaus übt Frederik auch seine persönlichen Hobbys nicht mehr aus. Ihre Liebe betrachten Cornelia und Frederik als etwas, das selbstverständlich aus sich selbst heraus weiter bestehen müsste. Eines Tages stellt Frederik fest, dass er sich in eine Kollegin verliebt hat. Auf einer Dienstreise verbringt er eine Nacht mit ihr. In den darauffolgenden Wochen trifft er sich noch einige Male mit der Kollegin, die im Büro neben seinem arbeitet. Schließlich gesteht er Cornelia den Seitensprung. Für Cornelia bricht eine Welt zusammen. Sie war mit ihrer Ehe bisher zufrieden und ahnte nicht, dass Frederik es nicht war. Kurz darauf entscheidet sich Frederik dafür, die Außenbeziehung zugunsten seiner Ehe aufzugeben.

Die Vermeidung von Themen, die die Partner:innen schmerzen könnten, führt manchmal zu einer von außen betrachtet erstaunlichen Kluft zwischen einem Paar. Wie lässt es sich anders verstehen, dass eine:r der beiden unglücklich ist und die oder der andere nichts davon weiß? Offenbar fehlen Cornelia viele Informationen über Frederiks Innenleben.

Er und Cornelia beginnen, regelmäßig Zwiegespräche zu führen. Dabei experimentieren sie nach und nach vorsichtig damit, unmittelbarer von sich zu sprechen, statt nur das mitzuteilen, von dem sie vermuten, dass es die andere Person nicht verletzen oder beunruhigen wird. Sie haben sich allerdings jahrelang darin geübt, einander in Watte zu packen. Vor allem Frederik leidet an starken Schuldgefühlen, sobald er Cornelia etwas zumutet. Schließlich spricht er aber auch darüber, wie schwer es für ihn ist, auf den Kontakt zu der Kollegin zu verzichten. Seine Traurigkeit über den Verlust ist für Cornelia kaum zu ertragen. Im Austausch über diese Gefühle kommt aber Bewegung in die bisher bleierne Sprachlosigkeit zwischen dem Paar.

Reibung erzeugt Wärme

Es ist verständlich, wenn Liebende dazu neigen, Konflikte zu vermeiden. Letztlich steht dahinter meistens die Angst, dass Konflikte zu einer Trennung führen. Zugleich ist Konfliktvermeidung sehr schädlich für Beziehungen, sobald sie häufig passiert oder gar zur Gewohnheit wird. Sollten Sie Konflikte in Ihrer Partnerschaft dauerhaft vermeiden, werden Sie und Ihr:e Partner:in sehr wahrscheinlich im Laufe der Zeit emotional auseinanderdriften. Konfliktvermeidung führt also tragischerweise gerade zum Gegenteil ihres Zwecks, nämlich zu Trennungen – ob nun »nur« emotional oder auch physisch.

Ich will hier nicht für Streit plädieren, aber für ein konstruktives Auseinandersetzen. Das Wort »auseinandersetzen« ist bei genauerem Hinsehen sehr spannend, weil es sich so verstehen lässt, dass es darum geht, eine Distanz zwischen den an der Auseinandersetzung beteiligten Personen herzustellen. Wir erinnern uns doch alle daran, wie in unserer Schulzeit Streithähne von der Lehrkraft gezielt auseinandergesetzt wurden, so als sei ein gewisser Abstand notwendig, um bei sich zu sein, zentriert und gefasst, sodass die eigenen Gefühle wahrgenommen und in Worte gefasst werden können. Wenn das gelingt, ist es möglich, die sachlichen Aspekte des Konflikts zu besprechen, ohne dass andere Themen und die mit ihnen verbundenen Gefühle »mitbewegt« werden.

Eine Auseinandersetzung über einen Interessenkonflikt erzeugt Wärme, falls es tatsächlich nur um die aktuelle Sache geht, zwei Menschen ihre Unterschiedlichkeit zulassen, sich für die Andersartigkeit des jeweils anderen interessieren und in einen intensiven Austausch miteinander kommen. Dabei entsteht eine Nähe, in der gerade die Unterschiedlichkeit als belebend, im besten Sinne als spannend empfunden wird. Als Nächstes kann sich eine gemeinsame Freude darüber entwickeln, einen Kompromiss zu finden, der für alle Beteiligten tragbar ist.

Herausfordernd wird es unter Umständen, falls es unausgesprochene oder unbewusste Themen gibt, die mitschwingen, aber nicht eindeutig benannt werden. Dann ist die Gefahr groß, dass alte Verletzungen spürbar werden, ohne dass man weiß, womit sie zu tun haben, und dass man sich aus diesen »alten« Gefühlen heraus verletzend verhält beziehungsweise äußert oder das Gespräch abbricht.

Eine Situation, die in der Vergangenheit stattgefunden hat, kann in der Gegenwart weiterhin starke Gefühle hervorrufen. Das ist oftmals der Fall, wenn wir in der ursprünglichen Situation unsere Gefühle nicht so zum Ausdruck gebracht haben, dass es zu einer befriedigenden Lösung des Konflikts gekommen wäre, und wir an diese Situation aktuell erinnert werden. Ein Konflikt kann Jahre später noch quälend sein, bis es gelingt, die mit ihm verbundenen Gefühle auszudrücken und zu einer Klärung zu kommen.

Ungelöste alte Konflikte lassen häufig ein Gefühl von Hilflosigkeit entstehen, das angesichts aktueller Streitpunkte entmutigend wirkt. Manchmal speist sich daraus auch die Vorstellung, von Wut und Traurigkeit überflutet zu werden, sollte man das Fass der angehäuften Verletzungen einmal aufmachen. Diese Sorge kann eine Neigung zu Konfliktvermeidung und Sprachlosigkeit verstärken.

Wie können alte Verletzungen heilen?

Es kann hilfreich sein, die Konflikte, die vielleicht sogar Jahre zurückliegen, als Paar noch einmal gemeinsam genau anzuschauen und einander die damit einhergehenden Gedanken und Gefühle zu beschreiben. Manchmal braucht es Geduld, so lange miteinander zu sprechen, bis zu spüren ist, dass sich etwas emotional löst. Wenn beide Partner:innen den Mut und die Beharrlichkeit aufbringen, ehrlich, vollständig und ohne Vorwürfe zu beschreiben, was ihre eigenen Motive, Bedürfnisse und Gefühle in der gegebenen Situation waren, kann sich der sprichwörtliche Knoten schließlich lösen. Darauffolgend stellt sich eine Entspannung ein verbunden mit dem Eindruck, zu verstehen, was den Partner oder die Partnerin damals dazu bewegt hat, sich so zu verhalten, wie er beziehungsweise sie es getan hat.

Gegen eine solche Rückschau wehren sich viele Menschen mit dem Argument, man könne die Vergangenheit nicht mehr ändern und müsse sie hinter sich lassen. Dieses Bedürfnis ist zwar verständlich, aber meine Erfahrung ist, dass es ohne einen sorgfältigen Blick zurück oft nicht gelingt, das damalige Geschehen loszulassen. Bedenken Sie, dass die Vergangenheit emotional sehr präsent sein kann. So funktioniert unsere Psyche, das ist ganz normal. Bestimmt kennen Sie das Phänomen, dass Gerüche uns mitunter in unsere Kindheit versetzen und die mit bestimmten Erlebnissen verbundenen Gefühle aktivieren. Gleichermaßen können schmerzliche Enttäuschungen durch alle möglichen Reize wiederbelebt werden, wenn sie in der ursprünglichen Situation nicht bewältigt werden konnten. An diesem Punkt steckt die Seele gewissermaßen fest und es gelingt nicht, die Situation loszulassen, weil noch etwas fehlt oder nicht zu Ende gebracht ist.

Mit diesem Exkurs möchte ich Sie ermutigen, genau hinzuschauen, den Verletzungen, die in Ihrer Liebesbeziehung stattgefunden haben, Raum zu geben, auch Ihren eigenen. Über sie hinweggehen zu wollen ist verständlich, aber nicht hilfreich. Falls Sie sich auch den unangenehmen Erfahrungen und Gefühlen stellen und Ihr:e Partner:in merkt, dass Sie seine/ihre Gefühle und Erinnerungen ernst nehmen und ihnen nicht ausweichen, besteht eine gute Chance, das Vertrauen zwischen Ihnen beiden zu stärken.

Wir können Gefühle nicht selektiv betäuben

In den Zwiegesprächen, die Cornelia und Frederik sehr regelmäßig führen, wird Frederik zunehmend bewusst, wie sehr er seine persönlichen Wünsche jahrelang aufgegeben hat, um Konflikte mit seinem Gewissen und mit Cornelia zu vermeiden. Cornelia trauert um die Sicherheit, die Frederik ihr bis zu seiner Außenbeziehung gegeben hat. Er war ihr Fels in der Brandung. Frederik dagegen trauert um die Lebendigkeit und Freiheit, die er in der Beziehung zu seiner Kollegin erlebt hat. Ihm wird zunehmend bewusst, dass er um der (scheinbaren) Harmonie willen alle Gefühle und Bedürfnisse, die Cornelias Bild von ihm eventuell widersprochen hätten, unterdrückt hat. Jahrelang war er aufgebracht, dass sie es z. B. nicht mochte, wenn er ohne sie mit einem Freund zu einem Konzert ging. Mitgeteilt hat er seinen Ärger darüber nie.

Kennen Sie auch das ausgeprägte Bedürfnis nach Harmonie? Entspricht es Ihrem Ideal von einer Liebesbeziehung, dass es möglichst wenig Konflikte gibt und die Partner:innen einer Meinung sind und Impulse, die die Partnerin oder den Partner in irgendeiner Weise herausfordern könnten, aufgeben? Die meisten Menschen genießen es, sich mit ihrem sozialen Umfeld einig zu sein und nichts aushandeln zu müssen. Dann können wir entspannen und die Einigkeit genießen. Nur hält dieser Zustand selten längere Zeit an, sobald mehrere Individuen zusammen sind. Früher oder später verändert sich die Gefühlslage, es kommen neue Bedürfnisse auf, die sehr wahrscheinlich unterschiedlich sind, und schon muss wieder neu verhandelt werden, wie die verschiedenen Bedürfnisse unter einen Hut gebracht werden können.

Wenn Paare über eine längere Zeit oder gar Jahre hinweg vermeiden, unterschiedliche Bedürfnisse anzuerkennen, sich darüber auszutauschen und nach Kompromissen zu suchen, passiert schließlich das Gegenteil davon, was sie eigentlich wollen. Die Liebe wird dabei nicht gestärkt, sondern geschwächt. Das Prinzip, dass wir Gefühle nicht selektiv betäuben können, führt dazu, dass das Gefühlsleben insgesamt verflacht, sollte ein Teil von ihm, nämlich die unangenehmen Gefühle, verbannt werden. Viele Menschen glauben, Glück bedeute, keine unangenehmen Gefühle zu haben. Dementsprechend versuchen sie, diese zu verdrängen oder zu betäuben beziehungsweise sich davon abzulenken, um sie nicht wahrzunehmen. Die Wahrheit ist aber, dass wir die schönen Gefühle nur im Wechsel mit den unangenehmen erleben können. Wir können die eine Sorte von Gefühlen nicht ausschließen, ohne auch die andere Sorte zu verlieren.

Probieren Sie es aus: Erlauben Sie sich bei nächster Gelegenheit einmal, »emotional« zu sein, also Ärger, Traurigkeit oder Enttäuschung auszudrücken. Ich weiß, dass das schwierig sein kann, wenn man gelernt hat, dass es ungehörig, peinlich oder gar gefährlich ist, Gefühle zu zeigen. Trotzdem möchte ich Sie dazu ermutigen, in unbedenklichen Situationen, etwa im Zusammensein mit guten Freunden, denen Sie vertrauen, damit zu experimentieren.

Dies ist kein Plädoyer für hemmungslose Gefühlsausbrüche. Wie so oft geht es um einen mittleren Weg: die Gefühle, die da sind, anzuerkennen als wichtige Botschaften unseres Organismus und in einer nicht verletzenden Weise zu artikulieren.

Viele Mikro-Trennungen oder eine große

Während Frederik seine Sehnsucht nach der Kollegin und den Gefühlen von Leichtigkeit, Lebendigkeit und Begehrtwerden ausdrückt, schließt sich die Informationslücke zwischen ihm und Cornelia. Gleichzeitig sucht er nach Möglichkeiten, diese Gefühle im Rahmen seiner Ehe zu erleben. Er versteht, dass er Cornelia nicht ändern kann, sondern nur sein eigenes Verhalten. Er nimmt Freundschaften und Hobbys wieder auf, die lange brachlagen. Dabei steigen immer wieder Schuldgefühle in ihm auf. Er fragt sich, ob er das Recht hat, Zeit und Energie in Aktivitäten zu investieren, die nur ihm allein und nicht der gesamten Familie Freude bereiten. Trotzdem teilt er Cornelia mit, dass er Zeit für sich haben möchte. Seine Befürchtung, dass Cornelia beunruhigt reagiert, bestätigt sich. Es ist sehr ungewohnt für sie, dass Frederik sich »egoistisch« verhält, und sie fragt sich, wohin diese Entwicklung führen wird. Gleichzeitig kann sie sein Bedürfnis verstehen, als er ihr erklärt, dass er für sich Erlebnisse braucht, die nichts mit seiner Rolle als Ehemann und Vater zu tun haben.

Die emotionalen Spannungen, die in solchen Gesprächen entstehen, sind für Cornelia und Frederik schwer zu ertragen. Sobald Unterschiede in ihren Bedürfnissen deutlich werden, denken beide sehr schnell, dass diese erste Anzeichen für eine baldige Trennung sind. Mit der Zeit merken sie aber, dass eine große, endgültige Trennung unwahrscheinlicher wird, sobald sie viele kleine, vorübergehende Trennungen zulassen.

Beispielsweise konfrontiert Frederik Cornelia mit seinem Wunsch, dass er gern allein eine Radtour mit einer Übernachtung machen möchte. Sie reagiert irritiert und mahnt an, dass dann entweder die Kinder zu Hause spielen müssen, statt Ausflüge zu unternehmen, oder sie weniger Haus- und Gartenarbeit wird leisten können. Zu ihrem Erstaunen antwortet Frederik entspannt und meint, dass die Welt daheim spannend genug ist für die Söhne und Haus und Garten auch noch ansehnlich sind, wenn Cornelia ein Wochenende mit Unkrautjäten und Putzen aussetzt.

Im Laufe ihrer Zwiegespräche stellt das Paar fest, dass manche ihrer Annahmen über den jeweils anderen, auf die sie sich wortlos eingestellt haben, gar nicht stimmen. Cornelia etwa hatte jahrelang angenommen, dass Ordnung und Sauberkeit rund um ihr Eigenheim Frederik sehr wichtig seien. Im Gespräch darüber merkt sie, dass es eigentlich ihr eigener Anspruch ist, der sie nicht zur Ruhe kommen und wenig Raum für ihre Beziehung zu Frederik lässt.

Das sind schmerzliche Einsichten, die mit unangenehmen Gefühlen wie Angst, Traurigkeit und Hilflosigkeit verbunden sind. In ihren Gesprächen hierüber machen Cornelia und Frederik aber die Erfahrung, dass sowohl sie persönlich als auch ihre Beziehung diese Gefühle aushalten. Was weiterhin vor allem für Frederik sehr herausfordernd bleibt, ist der Ausdruck von

Wut. Seiner Frustration darüber, dass er sich von seiner Frau über lange Jahre nur als Fels in der Brandung gesehen fühlte, der immer zuverlässig zu sein und zu funktionieren hat, macht er lange keine Luft. Auch Cornelia verbietet sich, Frederik ihre Wut über seinen Seitensprung spüren zu lassen. Das Paar spricht sehr vernünftig über seine Gedanken, ohne einander und vielleicht auch sich selbst die Wucht ihrer Gefühle zuzumuten.

Wie komme ich in Harmonie mit mir selbst?

Wenn Sie damit experimentieren, Gefühle, die Sie als unangenehm bewerten, zu spüren und Ihrem Partner oder Ihrer Partnerin zu beschreiben, werden Sie höchstwahrscheinlich feststellen, dass sie überraschend schnell in positivere übergehen. Vielleicht sind das positivere Gefühle Ihrer Partnerin oder Ihrem Partner gegenüber. Vielleicht sind es eher positive Gefühle sich selbst gegenüber. Sie müssen sich nicht selbst untreu sein, um Ihrer Liebesbeziehung gerecht zu werden.

Diese Erfahrung macht auch Frederik. Im Laufe der Zeit steht er mehr und mehr zu Facetten seiner Persönlichkeit, die über die Rolle des Felsen in der Brandung hinausgehen. Er besteht darauf, dass Cornelia höchstens eine Unternehmung pro Wochenende plant, statt weit im Voraus mehrere Verabredungen für die freien Tage zu treffen. Frederik möchte Freiräume haben, um gelegentlich spontan entscheiden zu können, wie er den Samstag und den Sonntag verbringen möchte. Dieser Wunsch von Frederik verlangt Cornelia eine große Umstellung ab. Eher widerwillig stellt sie sich darauf ein. Nach vielen Jahren haben die Eheleute erstmals wieder Sex miteinander. Die Stimmung ist aber nach wie vor meistens bleiern und bedrückt. Cornelia wünscht sich, dass alles wieder so wird wie früher, während Frederik keinen Weg zurück sieht und glücklich ist über die Freiräume, die er sich erarbeitet hat.

Kennen Sie das Gefühl, das in einem aufkommt, wenn man sich selbst verleugnet, um es einem anderen Menschen recht zu machen? Es ist das bedrückende Gefühl, das eigene Bedürfnis hintangestellt zu haben. Es untergräbt das Selbstbewusstsein und die Lebensfreude. Sollte es Ihnen sehr schwerfallen, bei Differenzen die Spannungsgefühle auszuhalten, könnte es Ihnen helfen, bewusst zu üben, innezuhalten, sobald Sie eine solche Spannung spüren:

Richten Sie in einem solchen Moment Ihre Aufmerksamkeit auf Ihre Atemempfindungen und zentrieren Sie sich dabei. Verschaffen Sie sich eine Gelegenheit, anders zu reagieren, als Sie es gewohnheitsmäßig tun. Dadurch haben Sie die Möglichkeit, sich bewusst zu machen, dass eine Differenz zwischen Ihnen und Ihrem Partner oder Ihrer Partnerin eine Chance sein kann, einander in diesem Moment wirklich zu begegnen. Statt so zu handeln, wie es Ihr Gegenüber nach Ihrer Vermutung von Ihnen erwartet, teilen Sie mit, was in Ihnen tatsächlich vorgeht. Achten Sie dabei darauf, gemäß der VW-Regel keine Vorwürfe, sondern Wünsche an Ihre:n Partner:in zu richten, und nehmen Sie bewusst wahr, wie er oder sie darauf reagiert. Beginnen Sie mit Themen, die unverfänglich beziehungsweise emotional von geringer Bedeutung sind, wie beispielsweise eine unterschiedliche Herangehensweise an eine Aufgabe im Haushalt. Wenn Sie das Gefühl haben, dass

Sie die dabei entstehende Spannung gut aushalten können und die Auswirkung auf Ihre Partnerschaft positiv ist, können Sie zu gewichtigeren Themen übergehen.

Cornelia glaubt lange Zeit, selbst keine Angst vor Konflikten in ihrer Ehe zu haben. Sie sieht es als Frederiks Problem an, nicht streiten zu können. Allmählich wird ihr aber bewusst, dass sie mit sehr wenig Selbstvertrauen in diese Partnerschaft gegangen ist. Frederik erlebte sie als zuverlässige Basis, von der aus sie sich weiterentwickeln konnte. Obwohl sie inzwischen eine leistungsfähige berufstätige Frau und Mutter ist, fühlt sie sich nach wie vor von Frederik abhängig und hat große Angst davor, dass er sie verlassen könnte. Sie spürt, dass Wut und Enttäuschung wegen seiner Außenbeziehung an ihr nagen und dazu führen, dass sie sich distanziert verhält. Bei der Vorstellung, ihre Gefühle zu äußern, überkommen sie zudem Schuldgefühle und die Sorge, dass Frederik dann zu seiner Geliebten gehen würde.

Als Cornelia klar wird, dass sie auch gegenüber anderen Menschen dazu neigt, sich deren vermeintlichen Erwartungen anzupassen, statt im Zweifelsfall einen Konflikt zu riskieren, beschließt sie, einen Versuch zu wagen. Sie sagt eine Wochenendverabredung mit einer befreundeten Familie mit der Begründung ab, dass sie sich mit ihrem Programm zu viel vorgenommen hat. Cornelia spürt ihr Herz klopfen, als sie das der Freundin sagt und diese bittet, ihr die Absage nicht übel zu nehmen. Zu Cornelias Überraschung äußert die Freundin Verständnis und formuliert, dass sie sich schon lange wundert, wie Cornelia all die Einladungen zusätzlich zu Kindern, Haushalt und Beruf schaffe.

Für Cornelia ist es eine neue Erfahrung, zu ihren eigenen Grenzen und Bedürfnissen zu stehen, auch auf die Gefahr hin, andere Menschen zu enttäuschen oder zu verärgern. Zu merken, dass ihre Befürchtungen noch nicht einmal eintreten müssen, sondern sie sogar Verständnis ernten kann, verblüfft sie. Gegenüber Frederik bleibt es allerdings ein großer Schritt für sie, sich in authentischer Weise mitzuteilen im Vertrauen darauf, dass sie beide ihre Bedürfnisse aufeinander abstimmen werden.

Es ist nur allzu menschlich, wenn die Abgrenzung von Personen, die uns wichtig sind, Angst auslöst. Wir sind alle auf vertrauensvolle und stabile Beziehungen angewiesen – auch auf eine vertrauensvolle und stabile Beziehung zu uns selbst. Es gibt einen bedeutenden Unterschied zwischen dem Glauben, von einem bestimmten Menschen abhängig zu sein, und dem Bewusstsein, Verbundenheit mit anderen Menschen zu brauchen. Sich von einem bestimmten Menschen abhängig zu fühlen, schränkt ein und ist beunruhigend. Die Erfahrung von Verbundenheit können wir dagegen potenziell mit allen, auch fremden Menschen, erleben und als beglückend empfinden.

So kostbar ein empathisches Miteinander wie das zwischen Frederik und Cornelia ist, so quälend kann es werden, sofern man es damit übertreibt. Die Liebesbeziehung stagniert, sowie es keine Differenzen geben darf. Sie muss sich aber notwendigerweise weiterentwickeln und sich den Veränderungen, die ein Menschenleben mit sich bringt, anpassen. Falls die Angst vor Veränderung in der Beziehung sehr groß ist und alles so bleiben soll, wie es einmal war, ist es sehr wahrscheinlich, dass die Beziehung früher oder später in eine Krise gerät.

Während Frederik sich erlaubt, unabhängig von der Familie seine Hobbys und Freundschaften zu pflegen, spürt er zunehmend seine Sehnsucht nach Spontaneität und Leichtigkeit. Gleichzeitig steigt in ihm Ärger auf Cornelia, aber auch sich selbst gegenüber auf, als ihm klar wird, wie lange er ihre Erwartungen erfüllt und die Bedürfnisse seiner Familie über seine eigenen gestellt hat. Sein unterdrückter Zorn führt dazu, dass er an depressiven Verstimmungen leidet. Die Vorstellung, seine Wut auf Cornelia, von der er sich in die Rolle des stets gewissenhaften Felsen in der Brandung gedrängt fühlt, auszudrücken, ist ihm kaum möglich. Ihm fehlt die innere Erlaubnis zur Selbstbehauptung gegenüber seiner Frau, während er sich im beruflichen Kontext recht gut durchsetzen kann.

In kleinen Schritten ringen die Partner:innen in ihrer Beziehung um mehr Selbstbehauptung. Frederik beginnt eine Einzeltherapie, um seine Trauer um die belebende Leichtigkeit, die er in der Beziehung zu seiner Kollegin erlebt hat, zu bewältigen. Außerdem ahnt er, dass seine Hemmung, sich gegenüber Cornelia mehr abzugrenzen und ihr abzuverlangen, dass sie sich selbst ein Fels in der Brandung wird, mit seiner Beziehung zu seiner Mutter zu tun hat. Er wiederholt die Rolle des braven Sohnes, der immer zuverlässig und selbstlos für die Mutter da ist. Schließlich wagt er es, Cornelia ruhig und bestimmt, wie er es im Kontakt mit Kollegen tut, einen Wunsch abzuschlagen. Zwar stellt sich schnell wieder ein Schuldgefühl bei ihm ein, sodass er nahe daran ist, einen Rückzieher zu machen, aber zu seiner Überraschung bemerkt er, dass Cornelia sein Nein gut annehmen kann und deswegen nicht zusammenbricht.

Nach einer Weile und einigen weiteren Experimenten von Frederik mit dem Nein-Sagen ist Cornelia zu ihrer eigenen Verblüffung froh darüber, von ihm »klare Aussagen« zu bekommen. »Da weiß ich, woran ich bin«, sagt sie. Dabei gewinnt Frederik für sie an Kontur und Attraktivität als Mann und sie fühlt sich zum ersten Mal seit langer Zeit wieder zu ihm hingezogen.

Kennen Sie dieses Phänomen? Menschen, die ihre eigenen Bedürfnisse kaum artikulieren oder gewohnheitsmäßig den Wünschen ihrer Umwelt unterordnen, nehmen wir selten als eigenständige Persönlichkeiten wahr. Achten Sie einmal darauf, ob Sie solche Menschen als interessant oder anziehend erleben. Menschen, die den Mut haben, zu sich zu stehen und eine gewisse Reibung mit ihrer sozialen Umwelt in Kauf zu nehmen, werden meistens als prägnantere Persönlichkeiten und attraktiver eingeschätzt. Auf die Bedürfnisse von anderen Menschen Rücksicht zu nehmen, ohne die eigenen Bedürfnisse zu vernachlässigen, ist eine soziale Herausforderung, vor der wir alle stehen. Und wenn das Erlernen dieser Gratwanderung in der Entwicklung eines Menschen nicht früh unterstützt wird, kann es für die erwachsene Person mit großer Angst verbunden sein, zu den eigenen Bedürfnissen zu stehen und damit unter Umständen Konflikte zu riskieren.

Frederik kommt zu der Erkenntnis, dass er in der Ehe mit Cornelia viele Aspekte seiner Rolle in seiner Herkunftsfamilie wieder erlebt. In letzterer wurde von ihm erwartet, dass er sich ganz auf seine Mutter einstellte und sie entlastete. Er wurde nicht dazu ermutigt, seine eigenen Neigungen zu entdecken und auszuprobieren, wie und wer er sein wollte. Die Vorstellung, Cornelias Zorn auf sich zu ziehen, ist mit ähnlicher Hilflosigkeit und Angst verbunden, wie er sie als Kind seinen Eltern gegenüber erlebt hat. Die Einsicht in diese Zusammenhänge hilft Frederik, zu verstehen, warum es so wenig Erotik in der Beziehung zwischen ihm und Cornelia gibt und warum es ihm so bedrohlich erscheint, Differenzen mit ihr auszutragen.

Bezahle ich die Harmonie mit Erotik?

Manchmal sind ein ausgeprägtes Harmoniebedürfnis und eine Eltern-Kind-ähnliche Beziehung in Paarbeziehungen miteinander verknüpft. Das geht oft auf Kosten der Erotik. Die Betonung des Fürsorgeaspekts und das Harmoniestreben führen zu einer Beziehungsdynamik, in der es kaum Raum gibt für die Wahrnehmung der anderen Person als eigenständiges Individuum, das mir noch nicht gänzlich bekannt und damit interessant ist.

Erotik hat mit Anziehung zu tun, und Anziehung können wir nur empfinden, wenn zwei Menschen nicht schon verschmolzen sind. Sobald eine Rollenverteilung hinzukommt, die einer Eltern-Kind-Beziehung ähnelt, dämpft sie in der Regel die Empfindung von sexueller Anziehung, weil Sexualität zwischen Eltern und Kindern tabu ist.

Falls Sie den Eindruck haben, dass in Ihrer Paarbeziehung Harmonie und Fürsorge füreinander vielleicht überbetont sind, während Eigenständigkeit und Selbstfürsorge Sie eher beunruhigen, hilft es Ihnen womöglich weiter, sich mit folgenden Fragen auseinanderzusetzen:

- *Wer bin ich? Was sind meine Ziele? Was will ich? Was macht mich aus?*
- *Wer ist mein:e Partner:in? Was sind seine/ihre Ziele? Was will er/sie? Was macht ihn/sie aus?*
- *Was haben wir gemeinsam? In welcher Hinsicht sind wir uns ähnlich?*
- *Was unterscheidet uns? In welcher Hinsicht sind wir unterschiedlich?*
- *In welcher Hinsicht könnte ich selbst besser für mich sorgen? Was würde ich am liebsten tun, wenn ich mir die Freiheit nähme, keine Rücksicht auf meine:n Partner:in zu nehmen?*
- *Was würde er/sie vielleicht tun, im Falle, dass er/sie keine Rücksicht auf mich nehmen würde?*
- *Wo sehe ich uns in fünf Jahren, falls wir so weitermachen wie bisher? Ist es das, was ich will?*
- *Was will ich wirklich?*
- *Wer will ich wirklich sein?*
- *Wie will ich wirklich sein?*

Wann immer Menschen bereit sind, eigene Interessen zugunsten der Erwartungen und Bedürfnisse anderer zurückzustellen, ist das oft sehr ehrenwert und hängt mit hohen sozialen Idealen zusammen. Mir ist nur wichtig, deutlich zu machen, dass ein Verzicht auf ständige und vollkommene Harmonie nicht gleichzusetzen ist mit Dauerstreit oder schwerwiegenden Konflikten. Vielmehr gibt es eine breite Palette von Zwischenzuständen zwischen Harmonie und Streit. Wenn Sie einen mittleren Weg zwischen Harmonie und Selbstbehauptung gehen, je nachdem, was Sie in der jeweiligen Situation gerade brauchen beziehungsweise wollen, können Sie beides erleben.

KAPITEL ACHT

ICH WÜNSCHE MIR MEHR WERTSCHÄTZUNG

»Es kommt mir so vor, als würde er überhaupt nicht sehen, was ich den ganzen Tag leiste. Er hat gar keine Vorstellung davon. Wenn er nach Hause kommt, ist alles sauber und ordentlich, die Kinder spielen meistens gerade im Garten und ich bin am Kochen. Und dann denkt er wahrscheinlich: Was will sie? Ist doch alles easy.«

So klagt eine junge Mutter, die ich hier Lisa nenne, über ihren Eindruck, sich bis zur Erschöpfung zu verausgaben, ohne von ihrem Mann dafür Wertschätzung zu erfahren. Ihrem Mann Max geht es ähnlich. Er arbeitet den ganzen Tag in einem Beruf, der ihn sehr fordert. Und sobald er nach Hause kommt, erwartet ihn das turbulente Familienleben und Lisa, die ihn darum beneidet, dass er arbeiten geht.

Wenn Sie sich nach mehr Wertschätzung in Ihrer Liebesbeziehung sehnen, liebe Leserin, lieber Leser, ist es verständlich, dass Sie das umtreibt. Es ist für alle Menschen essenziell, zu spüren, dass sie für andere Menschen wertvoll sind und von ihnen geschätzt werden. Das können wir zwar auch in anderen Beziehungen erleben, z. B. in Freundschaften und in Kontakten zu Kolleg:innen und Verwandten. Aber in unseren Liebesbeziehungen sind Anerkennung, Beachtung und Bestätigung noch einmal von besonderer Bedeutung.

»Ich arbeite den ganzen Tag und komme nach Hause und soll dann sofort die Kinder bespaßen. Lisa scheint zu meinen, meine Arbeit wäre ein Spaziergang«, klagt Max. Auf einen solchen Einwand reagiert Lisa gewöhnlich mit einem schnellen Gegenvorwurf, und schon befindet sich das Paar in einer Streitdynamik, die zu gegenseitiger Enttäuschung führt.

Es ist typisch für Partner:innen, die sich in einer anstrengenden Lebenssituation befinden und beide sehr viel leisten, sich nach Wertschätzung sehnen. Gleichzeitig können sie diese einander in solchen Phasen nur schwer geben. Woran das liegt? Wenn beide Partner:innen sich überfordert fühlen, neigen sie dazu, vom jeweils anderen Entlastung zu erwarten. Die Enttäuschung darüber, dass der oder die Partner:in nicht dafür sorgt, dass es ihnen besser geht, wird als ein Mangel an Wertschätzung für die eigene Leistung gedeutet.

Die Erwartung, dass der oder die Partner:in dafür zu sorgen hat, dass es einem gut geht, ist weit verbreitet. Abgesehen davon, dass unsere Möglichkeiten, das Wohlergehen eines anderen erwachsenen Menschen sicherzustellen, begrenzt sind, ist dieser Wunsch fast unmöglich zu erfüllen, sollten wir selbst gerade stark belastet sein. Wir sind in solchen Phasen in der Regel zu sehr mit uns und der Haushaltung unserer Kräfte beschäftigt. In eine solche Beziehungssituation geraten besonders häufig junge Eltern, die oft viel zu wenig Unterstützung von außen bekommen. Aber auch andere belastende Situationen, wie z. B. eine neue Arbeitsstelle, ein Wohnortwechsel, der Verlust oder die Erkrankung eines geliebten Menschen, können Paare ins Schleudern bringen und dafür sorgen, dass sie das Gegenüber aus dem Blick verlieren, was gleichbedeutend mit dem Entzug von Anerkennung und Bestätigung ist.

Als Lisa und Max es beide schaffen, von sich selbst zu sprechen und ihrem Gefühl, überlastet zu sein, bemerken sie wieder, dass sie sprichwörtlich im selben Team spielen. Dieses Team hat gemeinsame Interessen und Ziele. Nachdem das Paar das wiedererkannt hat, ist es ihm möglich, die gegenseitigen Vorwürfe und die Wut aufeinander durch einen Dialog zu ersetzen, in dem beide sich eingestehen, sich manchmal hilflos, überfordert und ängstlich zu fühlen. Dabei hören Max und Lisa einander aufmerksam zu und geben sich die Möglichkeit, die belastenden Gefühle zum Ausdruck zu bringen. Einander zu vermitteln, dass man alles äußern darf, ohne unterbrochen oder bewertet zu werden, ist ein großes Geschenk, das Liebende einander machen können. Denn Belastendes zu benennen wirkt meistens bereits sehr entlastend.

Es gibt aber auch Beziehungen, da fühlt sich nur eine:r der Partner:innen zu wenig wertgeschätzt: Charlotte ist eine ehrgeizige junge Frau, die im beruflichen Kontext viel Bestätigung für ihre Leistung erhält. In ihrer Beziehung mit Lukas leidet sie dagegen unter der Unsicherheit, nicht zu wissen und zu spüren, wie viel sie ihm bedeutet. Sie vermisst eindeutige Signale von ihm, dass er sie schätzt und ihre Beziehung ihm wichtig ist. Die beiden sind seit sechs Jahren ein Paar. Charlottes Sehnsucht nach mehr Beachtung und Bestätigung hat in der Beziehung zu Lukas schon früh eingesetzt und ist auch durch das kürzliche Zusammenziehen nicht wesentlich gelindert worden.

Für Lukas ist es schwer, nachzuvollziehen, wieso Charlotte leidet. Er fühlt sich dadurch angegriffen und rechtfertigt sich mit der Erklärung, beruflich und familiär sehr eingespannt zu sein. Seine berufliche Selbstständigkeit und finanzielle Probleme seiner Eltern fordern und belasten ihn erheblich.

Wenn Sie, liebe Leserin, lieber Leser, sich nach mehr Wertschätzung durch Ihren Partner oder Ihre Partnerin sehnen, ist es zunächst wichtig, nicht in eine Vorwurfs-Rechtfertigungs-Dynamik zu geraten.

Dadurch würden Sie sich nur noch mehr von Ihrem Partner oder Ihrer Partnerin entfernen.

Überlegen Sie zunächst, woran Sie merken würden, dass Ihre Partnerin oder Ihr Partner Sie wertschätzt:

- *Was genau wäre für Sie ein Zeichen von Wertschätzung?*
- *Würden Sie sich wünschen, dass er oder sie sich öfter für etwas bedankt, was Sie getan haben?*
- *Sehnen Sie sich nach mehr Lob für all das, was Sie täglich leisten?*
- *Wie könnte Ihr:e Partner:in Ihnen konkret ihre/ seine Wertschätzung vermitteln?*
- *Wofür genau wünschen Sie sich mehr Wertschätzung?*
- *Wann und woran haben Sie zum letzten Mal seine/ ihre Wertschätzung gespürt?*
- *Wann gibt es Ausnahmen von dem Gefühl, nicht wertgeschätzt zu werden in Ihrer Partnerschaft? Was macht diese Ausnahmesituationen genau aus?*
- *Woran machen Sie Wertschätzung konkret fest? Notieren Sie sich konkrete Beispiele, eventuell auch aus anderen Beziehungen, wann, wodurch und wofür Sie sich wertgeschätzt gefühlt haben.*

Mit den Antworten zu diesen Fragen im Gepäck suchen Sie das Gespräch mit Ihrem Partner oder Ihrer Partnerin. Beherzigen Sie bei der Unterhaltung die VW-Regel, indem Sie statt eines Vorwurfs einen Wunsch formulieren. Es ist schließlich für Ihr Gegenüber wesentlich einladender, auf einen Wunsch einzugehen als auf einen Vorwurf. Das liegt daran, dass es für die meisten Menschen sehr schwierig ist, die Gefühle zu erkennen, die hinter einem Vorwurf stehen – neben dem Ärger sind das häufig auch Traurigkeit und Angst. Ihr Wunsch wird für die andere Person greifbarer, wenn Sie die mit ihm verbundenen Gefühle benennen. Achten Sie dabei darauf, wirklich *Ihre Gefühle* und nicht Gedanken oder gar Interpretationen des Innenlebens Ihres Partners oder Ihrer Partnerin in Worte zu fassen. Bringen Sie Ihre Bedürfnisse möglichst konkret zum Ausdruck und machen Sie Ihre Gefühle spürbar. Damit erhöhen Sie bei der anderen Person die Bereitschaft, auf Sie einzugehen.

Für den Fall, dass es um emotional brisante Themen geht, hilft die Gesprächsform des Zwiegesprächs vielen Paaren, sich mitzuteilen, ohne einander zu verletzen. Auf die Zwiegespräche komme ich in diesem Buch immer wieder zu sprechen, weil sie sich als sehr hilfreich erwiesen haben. Verzeihen Sie mir also bitte, wenn Sie beim Lesen hier auf Wiederholungen stoßen. Das Besondere an einem Zwiegespräch besteht darin, dass beide Partner:innen gleich viel Redezeit haben, weil sie sich im 15-Minuten-Takt abwechseln und jeweils eine:r konsequent von sich spricht, während die andere Person ausschließlich zuhört. Wer zuhört, darf die sprechende Person nicht unterbrechen, auch nicht mimisch. Das Gespräch dauert insgesamt 90 Minuten, sodass jede Person dreimal 15 Minuten Zeit hat, zu schildern, was für sie gerade von Bedeutung ist (s. a. »Anleitung für Zwiegespräche«, S. 243).

Charlotte und Lukas führen ein solches Zwiegespräch. Charlotte sagt: »Ich wünsche mir, dass du zuverlässiger wirst. Wenn du Verabredungen mit mir vergisst, wir etwa vereinbaren, abends zusammen zu essen, ich mir Mühe gebe, etwas Leckeres zu kochen, du dann aber erst um zehn Uhr zu Hause bist, ohne Bescheid zu sagen, habe ich das Gefühl, dir egal zu sein. Das macht mich traurig, weil ich denke, dass wir uns bald trennen werden.« Als Lukas an der Reihe ist, antwortet er: »Das kann ich verstehen und das tut mir leid.« Er erklärt ihr, dass er hofft, beruflich und im Hinblick auf seine Eltern bald Lösungen zu finden, die ihm ermöglichen, mehr Zeit mit Charlotte zu verbringen. Daraus entwickelt sich ein Gespräch über konkrete Veränderungsmöglichkeiten.

Sollte es Ihnen zu lang erscheinen, 15 Minuten am Stück über sich zu sprechen, können Sie mit fünf Minuten anfangen und die Zeiteinheit langsam ausdehnen. Aber ich empfehle dringend, auf die 15-Minuten-Taktung hinzuarbeiten, weil sie sich bewährt hat.

Warum ist Wertschätzung so wichtig?

Es ist zutiefst menschlich, Wertschätzung zu brauchen. Wir Menschen sind soziale Wesen, die darauf angewiesen sind, einen Platz in der Gemeinschaft zu haben, auf dem wir einen Beitrag für sie leisten. Sobald andere Menschen Anerkennung für unseren Anteil äußern, wissen wir, dass wir wichtig sind und respektiert werden. Das gibt uns die Sicherheit, in der Gemeinschaft gut aufgehoben zu sein und uns auf sie verlassen zu können: Sie wird sich für uns einsetzen, weil wir für sie wichtig sind. Ein empfundener Mangel an Wertschätzung ist also eine belastende seelische Situation, die Sie ernst nehmen sollten. In solchen Fällen fühlen Sie sich nicht nur nicht gesehen und respektiert, sondern Sie haben auch den Eindruck, sich auf das Gegenüber nicht verlassen zu können, weil Sie für dieses zu unwichtig scheinen, als dass es sich für Sie einsetzt und für Sie da ist. Statt Rückhalt spüren Sie Verunsicherung. Dieses ungute Gefühl schmälert wiederum die Loyalität, die wir unserer Partnerin oder unserem Partner gegenüber empfinden: Warum sollte ich auf sie oder ihn achten, wenn die Gegenseite das auch nicht tut? In Liebesbeziehungen kann fehlende Wertschätzung so etwa dazu führen, dass eine Außenbeziehung sehr attraktiv erscheint. Dort lockt nämlich die Aussicht auf Selbstbestätigung und Anerkennung pur.

Steffi und Nicolai sind seit 13 Jahren ein Paar und haben drei Kinder. Sie kennen sich seit der Schulzeit, Nicolai ist aber vier Jahre jünger als Steffi. Wenige Tage, nachdem sie ein Paar wurden, wird Steffi schon schwanger. Nicolai hat einen eigenen Handwerksbetrieb mit einigen Angestellten. Als Alleinverdiener der Familie bedrücken ihn Existenzängste. Er arbeitet sehr viel und hart und hat es sich über die Jahre angewöhnt, zum Ausgleich mit Freunden am Wochenende viel Alkohol zu trinken und ausgelassen zu feiern. Steffi macht sich wegen Nicolais Alkoholkonsum große Sorgen. Er fühlt sich zunehmend von ihr kritisiert. Es kommt ihm so vor, als würde sie es als selbstverständlich erachten, dass er die Familie allein ernährt. In seiner Stammkneipe trifft er eine ehemalige Schulkameradin und hat Sex mit ihr. Steffi ist am Boden zerstört, während Nicolai diesem Ereignis wenig Bedeutung beimisst.

Zunächst kann sich Nicolai nur schwer mit dem Gedanken anfreunden, mit Steffi Zwiegespräche zu führen. Es leuchtet ihm nicht ein, wie Gespräche dieser Art ihm und Steffi helfen könnten, wieder mehr

Freude aneinander zu haben – so wie früher. Da er aber auch keine andere Idee hat und spürt, dass seine Ehe auf der Kippe steht, lässt Nicolai sich auf das Experiment ein.

Im Verlauf mehrerer Zwiegespräche, in denen es Nicolai zunächst sehr schwerfällt, über sich und seine Gefühle zu sprechen, wird ihm allmählich bewusst, wie sehr er die Anerkennung genossen hat, die er in der Nacht mit der ehemaligen Schulkameradin erlebt hat. Trotzdem fällt es ihm noch schwer, zu gestehen, dass ihm in seiner Ehe etwas fehlt und er etwas von seiner Frau braucht. Seinen Ausrutscher mit der anderen Frau erklärt er lieber mit seinem Alkoholkonsum an dem Abend. Gleichzeitig bleibt er bei seinem Vorwurf an Steffi, sie würde nicht wertschätzen, wie hart er arbeitet. Gegen diesen Vorwurf wehrt sich Steffi, und schon droht wieder Streit statt gegenseitiger Wertschätzung.

Der Partnerin oder dem Partner zu sagen: »Ich brauche Anerkennung von dir«, fällt manchen Menschen schwer. Sie befürchten, meist unbewusst, sich damit in eine schwache Position zu begeben oder sich abhängig zu fühlen, was ihnen Angst macht. Angst ist ein unangenehmes Gefühl, das wir gern vermeiden. Hinzu kommt, dass wir uns in der Regel bewusst sind, dass unsere Partnerin oder unser Partner nicht die Verantwortung für uns, unser Glück und unser Wohlbefinden trägt. Dann ist der Gedanke schnell da, dass mein Bedürfnis nach Anerkennung nicht das Problem der anderen Person ist, sondern meines. Das passt in den aktuellen Zeitgeist der Selbstoptimierung, in der jedes Problem lösbar scheint, solange man nur hart genug an sich und seinen Unzulänglichkeiten arbeitet. Diesen Druck möchte ich Ihnen an dieser Stelle nehmen. Noch einmal: Alle Menschen brauchen Wertschätzung von der Gemeinschaft und in ihrer Paarbeziehung. Sollte Ihnen Ihr Partner oder Ihre Partnerin den Eindruck vermitteln, für Ihr Gefühl mangelnder Wertschätzung nichts zu können oder davon nicht betroffen zu sein, ist das ein Punkt, der in den Zwiegesprächen unbedingt ausgelotet werden sollte. Auf lange Sicht sollte eine solche Einstellung in der Partnerschaft nicht hingenommen werden.

Wie hart bin ich zu mir selbst?

Wenn es für Sie schwierig ist, Ihr Bedürfnis nach Wertschätzung direkt mitzuteilen und dabei zu Ihrer Bedürftigkeit zu stehen, hilft vielleicht ein kleiner Umweg: Stellen Sie sich vor, ein guter Freund oder eine gute Freundin von Ihnen wäre in Ihrer momentanen Beziehungssituation. Denken Sie daran, dass dieser Mensch Ihnen am Herzen liegt. Verbinden Sie sich innerlich mit der warmen Zuneigung, die Sie für diese Freundin oder diesen Freund empfinden. Versuchen Sie, sich diese Gesprächssituation lebhaft und konkret auszumalen. Sie können eine Hand auf Ihr Herz legen, um sich Ihre emotionale Verbindung mit diesem Menschen zu vergegenwärtigen. Sobald Sie so weit sind, stellen Sie sich vor, dass diese Freundin oder dieser Freund in Ihrer Situation wäre, sich also nach Wertschätzung sehnt.

- *Welche Gefühle löst das Gesagte bei Ihnen aus?*
- *Was sagen Sie zu ihm oder ihr?*

- Was ist Ihre Idee, wie Sie ihn oder sie unterstützen können?
- Was würden Sie ihr oder ihm wünschen?

Für viele Menschen ist es wesentlich einfacher, Mitgefühl für andere zu empfinden als für sich selbst. Insofern sollte dieser kleine Trick erlaubt sein, um unser Selbstmitgefühl zu stärken. Mir hilft es tatsächlich oft, an gute Freunde zu denken, wenn ich z. B. wegen eines ungelösten Konflikts mit meinem Mann wütend oder niedergeschlagen bin und grübele: »Er schätzt mich nicht ... Ich sollte seine Anerkennung nicht brauchen.« Indem ich als Nächstes an eine gute Freundin denke und mir vorstelle, sie würde mir erzählen, es erginge ihr wie mir gerade, stellt sich sehr schnell ein warmes, fürsorgliches Gefühl ein. Aus diesem Mitgefühl heraus fallen mir mehr Auswege ein als aus einer selbstkritischen Verfassung heraus. Außerdem wird mir dabei klar, dass meine Situation mehr mit dem unperfekten Menschsein zu tun hat als mit persönlichem Versagen meinerseits.

Und wenn es um Konflikte in der Partnerschaft geht, öffnet Mitgefühl mit mir selbst auch die Tür zum Mitgefühl mit meinem Partner/meiner Partnerin. Indem wir unser Mitgefühl mit uns selbst bewusst kultivieren, vermitteln wir uns selbst Sicherheit und Geborgenheit. Aus dieser Sicherheit heraus können wir anderen gegenüber wesentlich großherziger sein als zu Zeitpunkten, an denen wir uns ängstlich, verunsichert und angespannt erleben. Interessanterweise ist Mitgefühl etwas, das wir (fast) allen Menschen gegenüber empfinden können, sobald wir eine mitfühlende Haltung gezielt üben. Am schwierigsten ist es verständlicherweise, Mitgefühl für Menschen zu empfinden, die uns etwas Schlimmes angetan haben. Aber Sie haben ja wahrscheinlich auch nicht den Ehrgeiz, ein neuer Dalai Lama zu werden.

Um es ganz deutlich zu sagen: Selbstmitgefühl hat nichts mit Selbstmitleid oder Egoismus zu tun. Es ist vielmehr die Voraussetzung dafür, nicht nur für uns selbst, sondern auch für andere zuverlässig da sein zu können. Denn nur wenn wir fürsorglich mit uns selbst sind, achten wir auf unsere Grenzen und Bedürfnisse, statt uns zu überlasten oder uns unbewusst auf eine Art zu entlasten, die negative Nebenwirkungen hat. Die Gleichung sieht also wie folgt aus: Selbstmitgefühl sorgt dafür, dass wir uns nicht überfordern, was uns wiederum ermöglicht, die gedanklichen Kapazitäten frei zu haben für unseren Partner oder unsere Partnerin und ihm beziehungsweise ihr Mitgefühl, Wertschätzung, Anerkennung und Unterstützung zu geben.

Für viele Menschen ist es, wie gesagt, einfacher, Mitgefühl für Menschen zu empfinden, die sie gernhaben, als für sich selbst. Das ist der Grund, warum ich vorschlage, mit dem Trick zu beginnen, sich vorzustellen, eine gute Freundin oder ein guter Freund von Ihnen wäre in Ihrer Situation. Der nächste Schritt wäre, den daraus erwachsenden mitfühlenden Blick auf sich selbst zu richten. Und falls Sie es möchten, können Sie schließlich auch versuchen, mit Mitgefühl auf Ihre Partnerin oder Ihren Partner zu schauen.

Nicolai beschäftigt sich generell ungern mit Emotionen und Beziehungsfragen. Er sagt zwar, dass seine Frau seine Anstrengungen für die Familie als selbstverständlich nehme, scheut aber davor zurück, Steffi zu beschreiben, welche Gefühle ein solches Verhalten bei ihm auslöst. Erst als er sich überlegt, was er einem guten Freund sagen würde, wenn der in seiner Situation wäre, wird ihm deutlich, wie traurig er ist. »Angenommen, ein guter Freund würde mir sagen, dass er so schuftet wie ich und dafür ebenso wenig Anerkennung bekommt, dann würde ich entgegnen: ›Das ist nicht fair, das hast du nicht verdient!‹.«

Wertschätze ich mich selbst?

Nicolai empört die Vorstellung, dass sein bester Freund sich von seiner Ehefrau so wenig wertgeschätzt fühlen könnte wie er selbst. Er würde ihn dazu ermutigen, sich eine Auszeit von der Familie zu gönnen und etwas zu tun, was ihm einfach nur Spaß macht. Für Nicolai selbst wäre eine Wanderung mit alten Freunden eine solche Auszeit, auf die er sich sehr freuen würde. Seinen Freund würde er unterstützen, indem er konkrete Vorschläge für eine solche mehrtägige Wanderung machen würde. Und er würde ihm wünschen, generell mehr für sich selbst zu tun.

Diese Übung macht Nicolai nachdenklich. Es ist sehr ungewohnt und neu für ihn, sich selbst mit Mitgefühl zu betrachten. Bisher geht er mit sich selbst innerlich eher ins Gericht. Der wohlwollende innere Dialog löst zunächst neue Schuldgefühle in ihm aus. Als ihm aber bewusst wird, dass er sich selbst viel strenger beurteilt als einen Freund, entwickelt er aus dieser wohlwollenden Haltung heraus spontan Ideen für eine positive Veränderung in seinem Leben. Seit Langem fühlt er sich zum ersten Mal wieder entspannt und zuversichtlich. Allmählich beginnt er sich zu fragen, wie sehr er sich eigentlich bisher selbst wertgeschätzt hat. Wie ist das bei Ihnen, liebe Leserin, lieber Leser?

- *Wie sehr schätzen Sie sich selbst wert?*
- *Wie klingt mein Vorschlag, dass Sie sich selbst mehr Anerkennung zollen?*
- *Wie wäre es, sich selbst öfter mal auf die Schulter zu klopfen und sich für all das zu loben, das Sie schon bewältigt und geleistet haben in Ihrem Leben?*
- *Sind Sie sich manchmal selbst dankbar, wenn Sie auf Ihr bisheriges Leben zurückblicken?*

Wie geht es Ihnen, während Sie sich in Ruhe mit diesen Fragen beschäftigen? Denken Sie, dass Sie sich selbst wertschätzend behandeln? Neben Dank und Lob ist Zugewandtheit eine weitere Möglichkeit, Wertschätzung zum Ausdruck zu bringen. Sobald mein Mann mir z. B. vermittelt, dass er Zeit mit mir verbringen oder dass er meine Meinung zu etwas hören möchte, spüre ich, dass er mich schätzt. Und falls er nicht zu Hause oder durch irgendwelche Umstände nicht bereit oder in der Lage ist, sich mir zuzuwenden, kann ich das selbst für mich tun.

Haben Sie den Eindruck, es könnte Ihnen guttun, sich selbst mit mehr Wertschätzung zu begegnen? Neben einer Veränderung der Kommunikation in Ihrer Partnerschaft könnte ein weiterer Pfad zu mehr Wertschätzung darin bestehen, sich selbst mehr respektvolle Aufmerksamkeit zu schenken.

Ein bewährter Leitfaden, um herauszufinden, wie Sie besser für sich sorgen können, basiert auf den fünf Säulen der Identität – ein Modell, das auf den deutschen Psychologen Hilarion Petzold zurückgeht.[2] Die fünf Säulen stehen für fünf unterschiedliche Lebensbereiche: Soziales Netz/Beziehungen, Arbeit/Leistung, Besitz/Materielles, Körper/Gesundheit, Werte/Sinn. Mit der folgenden Übung können Sie Ihre momentane Zufriedenheit mit den fünf Lebensbereichen reflektieren. Aus dieser Reflexion lassen sich anschließend Veränderungsmöglichkeiten ableiten, die zu einer größeren Selbstfürsorge führen. Falls Sie Lust haben, herauszufinden, wie Sie sich selbst mehr Wertschätzung schenken können, gehen Sie wie folgt vor:

- *Nehmen Sie bitte einen Stift zur Hand und ein Blatt Papier (mindestens DIN-A5).*

- *Notieren Sie am unteren Blattrand die fünf Lebensbereiche »Soziales Netz«, »Arbeit/Leistung«, »Besitz/Materielles«, »Körper/Gesundheit«, »Werte/Sinn«.*

- *Bei der Säule »Werte/Sinn« geht es um ideelle Werte. Überlegen Sie, was Ihnen im Leben wichtig ist, und inwieweit Sie momentan das Gefühl haben, diese Werte verwirklichen zu können oder nicht. Um sich darüber klar zu werden, was ihnen wichtig ist, hilft es vielen Menschen, zu überlegen, welche Werte sie ihren Kindern vermitteln wollen. Das kann z. B. Nächstenliebe, Verantwortungsbewusstsein, Ehrlichkeit, Treue etc. sein.*

- *Zeichnen Sie nun ein Säulendiagramm, das das Ausmaß Ihrer momentanen Zufriedenheit mit jedem dieser Lebensbereiche darstellt. Markieren Sie eine Höhe, die 100 Prozent Zufriedenheit wiedergeben würde, sodass anschaulich wird, inwieweit einzelne Säulen (vermutlich) von dieser Marke abweichen.*

- *Reflektieren Sie, was jede Säule positiv betrachtet ausmacht, was da beziehungsweise gut ist. Womit sind Sie zufrieden, wenn Sie auf Ihre Säulen schauen?*
- *Dann denken Sie darüber nach, was die Luft nach oben ausmacht, was Ihnen also fehlt beziehungsweise verbessert werden könnte.*
- *Anschließend überlegen Sie, welche Säule für Sie im Moment am wichtigsten ist und wie Sie sie erhöhen könnten. Welche kleinen, leicht umsetzbaren konkreten Schritte könnten Sie unternehmen, damit diese Säule wächst?*

Als Nicolai auf die fünf Säulen seiner Identität blickt, beschäftigt ihn vor allem die Tatsache, dass die Säule »Arbeit/Leistung« und die Säule »Körper/Gesundheit« beide ungefähr bei 60 Prozent liegen. Das erinnert ihn daran, dass sich seine Vorstellung, immer funktionieren zu müssen, schon früh in seiner Kindheit entwickelt hat. Sein Vater baute bereits zeitig Druck auf, indem er ihm viele Aufgaben übertrug und keinen Müßiggang duldete. Während Nicolai auf seine Säulen blickt, erkennt er, seine Werte wie Zuverlässigkeit und Pflichtbewusstsein auf Kosten seiner Gesundheit und Lebensfreude bisher sehr hochgehalten zu haben. Sobald er an seine Gesundheit denkt, spürt er eine Seite in sich, die sich nach Freiheit, sich gehen zu lassen, und Anerkennung sehnt. Ihm wird klar, dass er sich im Alltag kaum eine Verschnaufpause gönnt und seine eigene Leistung gleichzeitig wenig wertschätzt.

Wenn Sie diese Übung mit Ihrem Partner oder Ihrer Partnerin zusammen machen, indem Sie beide Ihre Säulen zeichnen und anschließend besprechen, können Ihre Säulendiagramme eine gute Grundlage für ein Gespräch über Ihre gemeinsame Lebensgestaltung sein. Achten Sie in einem solchen Gespräch darauf, gegenseitig ihre Stärken hervorzuheben. Falls Sie sich Sorgen machen über einen Lebensbereich Ihres Partners oder Ihrer Partnerin, kritisieren Sie diesen nicht, sondern fragen Sie eher, wie es ihr oder ihm mit dem Lebensbereich geht und ob er oder sie sich an der Stelle Unterstützung wünscht. Sie dürfen sich natürlich auch Unterstützung wünschen – die Hauptsache ist, dass Sie den Wunsch als einen solchen und nicht als Vorwurf äußern.

Nicolais Ausführungen zu seinen Säulen beunruhigen Steffi zunächst. Sie stellt seinen Alkoholkonsum in den Mittelpunkt. Es ist ihr sehr wichtig, dass Nicolai diesen einschränkt. Während Steffi ihre eigenen Säulen erklärt, wird ihr aber bewusst, sich finanziell gut abgesichert zu fühlen und dass sie das Nicolai verdankt. Als ihre Herausforderung macht Steffi ihr soziales Netz aus. Sie beschreibt, dass ihre Aufgaben als Mutter von drei Kindern ihr sehr wenig Zeit und Kraft lassen, ihre Freundschaften zu pflegen, die ihr eigentlich sehr wichtig sind.

Im weiteren Gespräch richtet Steffi ihren Fokus darauf, wie es Nicolai in der Zeit erging, bevor er die Nacht mit der anderen Frau verbrachte. Dabei entwickelt sich bei ihr Verständnis für seine Traurigkeit über seine fehlende innere Erlaubnis, sich selbst Wertschätzung zu zollen für seine Leistung, und dass er selten das Gefühl hat, es verdient zu haben, zu entspannen und Spaß zu haben. In der Folge der Übung beginnt Steffi, Nicolai gegenüber Dankbarkeit zu empfinden und ihm mit mehr Wertschätzung zu begegnen als bisher.

Zurück zu Ihnen: Die gemeinsame Durchführung der Übung »Fünf Säulen der Identität« könnte Ihr Verständnis füreinander in Ihrer Paarbeziehung vertiefen. Vielleicht erfahren Sie im gemeinsamen Gespräch über Ihre Säulen und die Ihrer Partnerin oder Ihres Partners auch etwas darüber, wie Sie selbst mehr Wertschätzung in Ihre Partnerschaft bringen können.

Wie viel Wertschätzung vermittle ich in meiner Partnerschaft?

Manchmal erreichen wir am meisten, wenn wir mit gutem Beispiel vorangehen. In diesem Sinne ist ein weiterer Zugang zur Erfahrung von mehr Wertschätzung in Ihrer Liebesbeziehung unter Umständen der, selbst mehr Wertschätzung zum Ausdruck zu bringen. Angenommen, dass Ihr Partner oder Ihre Partnerin spürt, wie gut es tut, von Ihnen gesehen, anerkannt, respektiert und gelobt zu werden, wird ihm oder ihr womöglich die eigene Sparsamkeit in dieser Hinsicht bewusst.

Für Nicolai ist es eine Wohltat, Steffis Wertschätzung zu erleben. Und aus seinen fünf Säulen der Identität leitet er ab, in Zukunft freundlicher und mitfühlender mit sich selbst sein zu möchten. Als einen ersten Schritt in diese Richtung nimmt er sich vor, bestimmte Aufgaben an Mitarbeiter:innen zu delegieren. Nicolai beginnt, seine bisherige Gnadenlosigkeit sich selbst gegenüber zu mildern. Es fällt ihm auf, dass er aus dieser nachgiebigeren Verfassung heraus auch Steffi gegenüber großzügiger ist. Während er sich selbst zunehmend Freiräume gönnt, entsteht in ihm der Wunsch, seiner Frau mehr Anerkennung zu zollen. Er erinnert sich an das Gespräch über ihr soziales Netz und ermöglicht Steffi daraufhin die Verwirklichung ihres lang gehegten Traums, mit einer Freundin für einen Kurztrip nach Venedig zu reisen.

Als Nicolai spürt, wie Steffi seine neue Zugewandtheit genießt, wird ihm bewusst, wie wenig Wertschätzung er ihr in den letzten Jahren entgegengebracht hat. Aus dieser Erkenntnis heraus beschließt er, ihr auch im Alltag immer wieder einmal für ihre Anstrengungen für ihn und die Kinder zu danken. »Ich bin froh, dass du dich so fürsorglich um unsere Kinder kümmerst«, sagt er bei der nächsten sich bietenden Gelegenheit. »Danke, dass du mir zu Hause den Rücken freihältst« bei der nächsten, »sonst könnte ich meine Arbeit gar nicht schaffen.« Die Stimmung zwischen den Eheleuten hellt sich zunehmend auf. Auch sexuell haben die beiden wieder mehr Lust aufeinander. Kurz darauf steigt Steffi mit einer halben Stelle wieder in ihren Beruf ein, was Nicolai in seiner bisherigen Rolle als Alleinverdiener emotional sehr entlastet.

Vielleicht sträubt sich etwas in Ihnen dagegen, Wertschätzung auszudrücken, während Sie selbst einen Mangel daran empfinden. Und es gibt natürlich keine Garantie dafür, dass diese Methode funktioniert. Wie alle Vorschläge zur Verbesserung Ihrer Liebesbeziehung in diesem Buch ist auch das nur ein Vorschlag für ein Experiment von mehreren. Ich selbst habe allerdings ermutigende Erfahrungen damit gemacht. Sobald ich meinem Mann meine Anerkennung und Dankbarkeit für seinen Einsatz vermittle, setzt das regelmäßig eine Aufwärtsspirale zwischen uns in Gang. Nun macht er es mir auch oft leicht, indem er z. B. hervorragend kocht. Bestimmt finden auch Sie etwas in

Ihrem gemeinsamen Leben, das es ohne gerade diese Partnerin oder diesen Partner nicht gäbe und das Sie positiv bewerten.

Trotzdem muss ich mir manchmal einen Ruck geben, mich zu bedanken, wenn ich selbst gerade finde, dass mein Mann mich nicht im Blick hat und meine Beiträge zu unserem Leben nicht genügend würdigt. Und bisweilen ist es vonnöten, mit einem gewissen Nachdruck darauf hinzuweisen, mein eigener Beitrag verdiene es auch, gewürdigt zu werden. Dabei ist es, wieder einmal, entscheidend, keinen Vorwurf zu formulieren, sondern einen Wunsch. Vorwürfe führen fast unvermeidlich in eine Abwärtsspirale. Sie können Ihrem Wunsch auf eine selbstbewusste und zugleich freundliche Art Nachdruck verleihen, indem Sie ihn mit einem konkreten Beispiel verknüpfen. »Danke, dass du heute wieder so lecker gekocht hast. Das war wieder köstlich. Ich weiß das wirklich zu schätzen. Während du gekocht hast, habe ich das Badezimmer geputzt. Ich weiß, das ist weniger kreativ als Kochen, muss aber auch gemacht werden. Und es ist manchmal schwierig für mich, sofern du das nicht ab und zu anerkennst. Es würde mir guttun, wenn du mir gelegentlich sagen würdest, dass du es zu schätzen weißt, was ich tue. Das wünsche ich mir.« So ähnlich habe ich kürzlich meinem Mann mein Bedürfnis nach Wertschätzung vermittelt, und ich habe den Eindruck, die Botschaft ist bei ihm angekommen.

An dieser Stelle möchte ich Sie wieder einmal zu Beharrlichkeit ermutigen. Sie haben es verdient, dass Ihnen andere und Sie sich selbst Wertschätzung entgegenbringen. Sollten Sie im Gespräch, am besten einem Zwiegespräch, mit Ihrer Partnerin oder Ihrem Partner über Ihr Bedürfnis nach Wertschätzung sprechen, fragen Sie immer mal wieder nach, ob er oder sie nachvollziehen kann, wie es Ihnen geht. So entschleunigen Sie Ihre Kommunikation, wodurch die wesentlichen Botschaften besser verankert werden. Und fragen Sie, ob Ihr Gegenüber das auch aus dem eigenen Erleben kennt, und falls ja, bitten Sie um konkrete Beispiele dafür, unter welchen Umständen das vorkommt. Sie können auch ein Zwiegespräch ausdrücklich zum Thema Wertschätzung führen. Wenn Sie das möchten, ist es nur wichtig, das vorher mit der anderen Person abzustimmen. Lassen Sie sich nicht entmutigen, falls sich die Wertschätzung nicht schnell einstellen will. Und seien Sie es sich wert, dass Sie als Paar an diesem Punkt dranbleiben.

KAPITEL NEUN

WIR STECKEN IN EINER PATTSITUATION FEST

»Ich will unbedingt ein zweites Kind, mein Mann aber nicht. Das ist total schlimm für mich. Ich kann mir nicht vorstellen, keine weiteren Kinder zu bekommen. Ich weiß nicht, was ich machen soll.«

Die Mutter eines zweijährigen Jungen, die ich hier Carina nennen will, ist verzweifelt. Sie hat selbst enge Beziehungen zu ihren drei Geschwistern, die ihr sehr wichtig sind. Die Vorstellung, ihr Sohn könnte als Einzelkind aufwachsen, ist für sie unerträglich traurig. Aus ihrer Sicht verhindert ihr Mann die Verwirklichung ihres Lebenstraums von einer großen eigenen Familie und mutet ihrem Sohn zu, einsam groß zu werden. Carinas Mann, nennen wir ihn Matthias, ist ohne Geschwister aufgewachsen. Er kann Carinas Sorge nicht nachvollziehen, er ist frustriert und fühlt sich bedrängt. Carinas Haltung erscheint ihm störrisch und realitätsfern.

»Ich fand es schön, als Einzelkind aufzuwachsen. Ich habe nichts vermisst, im Gegenteil, ich hatte immer alles, was ich brauchte, und bekam viel Aufmerksamkeit. Und jetzt ist gerade alles so schön bei uns und ich habe gar keine Lust, daran etwas zu ändern. Ich möchte einfach genießen, was wir jetzt miteinander haben«, sagt Matthias. Es macht ihn traurig, dass Carina ihr gemeinsames Leben aktuell weniger zu schätzen scheint als er.

Situationen, in denen eine Ja-oder-Nein- beziehungsweise Entweder-oder-Entscheidung zu treffen ist, in denen es keinen Kompromiss zu geben scheint, können Paare stark herausfordern. Es gibt kein halbes Kind, kein halbes Haus, keinen halben Umzug und keine halbe Hochzeit. In solchen Fällen sind die Partner:innen im Hinblick auf eine Entscheidung, die sie als existenziell empfinden, voneinander abhängig. Sie haben dann den Eindruck, dass die andere Person ihr eigenes Glück verhindert. Häufig geraten sie an diesem Punkt in geradezu reflexhafte gegenseitige Beschuldigungen.

Stehen Sie, liebe Leserin, lieber Leser, in Ihrer Liebesbeziehung vor einer solchen Entscheidung, in der Sie das eine und Ihr:e Partner:in das andere wollen? Kommt es Ihnen so vor, als gäbe es keine Möglichkeit, sich zu einigen, weil Sie beide unvereinbare Wünsche haben? Denken Sie vielleicht, dass Ihr Partner oder Ihre Partnerin wie eine Wand vor Ihnen steht und Ihnen etwas Wichtiges verweigert aus Gründen, die für Sie schwer nachzuvollziehen sind? Fühlen Sie sich von ihm oder ihr abhängig und hilflos?

Die Stimmung zwischen Carina und Matthias ist gereizt und konfrontativ. Ihre Streitigkeiten entzünden sich an, wie sie selbst sagen, Banalitäten. Sie verletzen einander dabei aber so sehr und so häufig, dass sie ihre Beziehung infrage stellen. Beide fühlen sich dadurch stark belastet. Sobald sie es schaffen, achtsamer zu kommunizieren, statt einander mit Vorwürfen zu konfrontieren, beteuern sie sich gegenseitig ihre Liebe und eine Lösung finden zu wollen. Sie wissen aber nicht, wie. Beiden kommt es so vor, als hinge ihr Lebensglück am seidenen Faden und wäre auf das Entgegenkommen der oder des jeweils anderen angewiesen.

Das geschieht Paaren häufig. Sie müssen ja auch viele Entscheidungen gemeinsam treffen und sind dabei aneinandergebunden. Bei entscheidenden Lebensfragen auf einen anderen Menschen angewiesen zu sein, ist manchmal schwer zu ertragen. Dann kann es leicht passieren, dass die Kommunikation sehr konfrontativ wird.

Vom Entweder-oder zu Sowohl-als-auch

Falls es Ihnen ähnlich ergeht:

- *Beginnen Sie damit, Ihren eigenen Anteil an der Art der gegenwärtigen Kommunikation in Ihrer Partnerschaft zu reflektieren.*
- *Ziehen Sie sich konsequent und zugleich liebevoll aus jeder Streitsituation zurück.*
- *Achten Sie darauf, in einem freundlichen und ruhigen Tonfall Ihre Gefühle zu beschreiben.*
- *Halten Sie Blickkontakt mit Ihrem Partner oder Ihrer Partnerin, während Sie Ihre eigenen Bedürfnisse benennen und betonen, dass Ihr Rückzug sich nicht gegen sie oder ihn richtet, sondern Sie allein sein wollen und etwas Zeit brauchen, um zu reflektieren.*

Im ersten Schritt bemühen Sie sich also um eine achtsame Kommunikation und unterbrechen das verfestigte Streitmuster. So vermeiden Sie, dass Sie einander wieder Vorwürfe machen, dabei erneut verletzen und sich diese Kommunikationsdynamik weiter verfestigt. Zwiegespräche können hier sehr hilfreich sein, sollte Ihr Partner oder Ihre Partnerin dazu bereit sein. Dafür verabreden Sie sich für ein eineinhalbstündiges Gespräch, in dem Sie beide im 15-Minuten-Takt abwechselnd ausschließlich über sich selbst sprechen. Wer gerade zuhört, darf die oder den anderen nicht unterbrechen, auch nicht mimisch. Nach dem Zuhören fassen Sie jeweils kurz mit eigenen Worten zusammen, was Sie beim Zuhören verstanden haben, und gehen dann zu dem über, was Sie über sich mitteilen wollen. Das ist thematisch offen, es sei denn, Sie einigen sich vor dem Gespräch auf ein bestimmtes Thema, wie z. B. die Pattsituation (s. a. »Anleitung für Zwiegespräche«, S. 243). Wahrscheinlich erleben Sie es als belastend und verletzend, wie Ihre Partnerin oder Ihr Partner Ihnen momentan begegnet und mit Ihnen spricht. Warten Sie trotzdem nicht darauf, dass er oder sie auf Sie zugeht. So verständlich dieser Wunsch wäre, eine solche Haltung führt bei Paaren häufig zu einem zermürbend langen Stillstand. Wenn Sie dort ansetzen, wo Sie selbst Einfluss haben, also bei Ihrem eigenen Kommunikationsstil, ist die Wahrscheinlichkeit wesentlich größer, dass sich die Veränderungen in Gang setzen lassen, die Sie sich wünschen.

Es wird sich vermutlich nicht von heute auf morgen etwas ändern, aber vielleicht können Sie einen Prozess anstoßen, der aus der Entweder-oder-Logik, das heißt, entweder bekommt die eine Person ihren Willen oder die andere, hinausführt. Und vielleicht wird langfristig eine Sowohl-als-auch-Perspektive möglich, in der sowohl die Wünsche der einen als auch der anderen Person erfüllt werden.

Liegt in dieser Pattsituation auch eine Chance?

Stellen Sie sich nun folgende Fragen:

* *Was hat diese Pattsituation mit mir selbst zu tun?*
* *Welcher Entwicklungsaufgabe darf ich mich stellen? Gilt es in der gegebenen Lebenssituation möglicherweise etwas Neues zu lernen oder eine neue Fähigkeit zu entwickeln?*
* *Was will ich mit dem Streit vermeiden?*

Greifen Sie sich ein Blatt Papier und schreiben Sie auf, was Sie selbst ändern müssten, um Ihre Wünsche ganz eigenständig, unabhängig von Ihrem Partner oder Ihrer Partnerin, zu erfüllen. Nehmen Sie sich dafür ein paar Tage Zeit, um diese Fragen wirklich in Ruhe zu reflektieren – sie haben es in sich, es sind dicke Bretter zu bohren. Sprechen Sie noch nicht mit Ihrer Partnerin oder Ihrem Partner über Ihre Überlegungen. Wenn Sie das Gefühl haben, zu erahnen, vor welcher Entwicklungsaufgabe Sie stehen, was daran herausfordernd für Sie ist und was Sie bisher vermeiden, gehen Sie zum nächsten Schritt über, indem Sie in Ihrer Paarbeziehung offen darüber sprechen.

Carina und Matthias beginnen, Zwiegespräche zu führen. In deren Rahmen erzählt Carina ihrem Partner aus ihrer Kindheit und von ihren Geschwistern. Sie beschreibt, wie wichtig ihr ihre Geschwister sind, wie sehr sie sich ihnen verbunden fühlt, und dass diese noch heute neben Matthias und ihrem gemeinsamen Sohn ihre engsten Bezugspersonen sind. Unter Tränen spricht sie von ihrer Angst, ihr Sohn könne sich ohne Geschwister einsam fühlen. Die Vorstellung, als Einzelkind mit zwei Erwachsenen zu leben, ist traurig für sie. Carina spürt in sich eine starke Sehnsucht danach, Verbundenheit zwischen Menschen zu erleben und zu fördern. »Ich stelle mir vor, dass es mehr Liebe in meinem Leben gäbe mit einem zweiten Kind«, sagt sie.

Und sie fragt sich nun, ob ein zweites Kind wirklich die einzige Möglichkeit für sie ist, dieser Sehnsucht nachzugehen. Vielleicht, denkt sie, geht es für mich darum, mich von dem Familienbild meiner Kindheit und der Idee, dass Matthias dieses mit mir zu verwirklichen hat, zu lösen und mit ihm gemeinsam eine eigene Form von Familie zu finden. Der Prozess der Auseinandersetzung mit ihrem Familienideal und ihrer Abhängigkeit von Matthias ist für Carina sehr schmerzlich. Die Verantwortung für das eigene Wohlergehen zu übernehmen ist oft schwieriger, als die Partnerin oder den Partner anzuklagen.

Vermutlich geht es auch Ihnen so, liebe Leserin, lieber Leser, dass die obigen Fragen Widerstand in Ihnen auslösen. Das wäre verständlich, weil wir Menschen wohl alle dazu neigen, so lange wie möglich in unserer von uns selbst eingerichteten psychischen Komfortzone zu bleiben. Uns selbst zu verändern ist mühsam und beunruhigend, weil wir dafür eine instabile Phase aushalten müssen, in der wir das Alte aufgeben, ohne eine genaue Vorstellung zu haben, wie wir in Zukunft sein werden. Bis wir eine neue Orientierung gefunden haben, müssen wir uns auf eine Phase des Ausprobierens und der Unsicherheit einlassen. Dazu gehört Mut, und solche Entwicklungen brauchen Zeit. Aber es gilt auch: Wir alle müssen uns immer wieder einmal weiterentwickeln. Wichtig ist dabei, gut für sich zu sorgen.

Was kann ich selbst für mich tun?

Krisen in Partnerschaften entstehen oft daraus, dass die Partner:innen unbewusst eigene Entwicklungsaufgaben vermeiden und stattdessen vom jeweils anderen erwarten, ihnen diese Aufgabe abzunehmen. Aber kein Mensch kann einer anderen Person dauerhaft ersparen, die Verantwortung für sich selbst zu tragen. Insofern geraten Paarbeziehungen nahezu zwangsläufig in Krisen und erleben Zeiten von Instabilität. Daher möchte ich Sie ermutigen, nicht mit sich zu hadern. Arbeiten Sie beharrlich daran, den Kommunikationsstil in Ihrer Liebesbeziehung zu verbessern und zugleich Ihre persönlichen Sehnsüchte zu verfolgen. Wenn Sie denken, dass Sie erfasst haben, was Ihr gegenwärtiges Entwicklungsthema sein könnte, beginnen Sie, für sich einen Plan zu entwerfen. Dafür schreiben Sie Stichpunkte zu den folgenden Fragen auf:

- *Wie übernehme ich die Verantwortung für meinen Anteil an dem Konflikt?*
- *Wie kann ich mir meine Wünsche selbst erfüllen?*
- *Wie kann ich mir selbst Halt, Schutz und Geborgenheit geben?*
- *Wie kann ich mich konsequent aus jedem Streit zurückziehen?*
- *Wie trage ich ab sofort meine Herzenswünsche vor?*
- *Wie kann ich dabeibleiben, dass ich ein Recht auf die Erfüllung meiner Herzenswünsche habe?*
- *Wie kann ich in einem liebevollen Kontakt mit meiner Partnerin oder meinem Partner bleiben?*
- *Wie kann ich meine Abhängigkeit von der Beziehung lösen?*
- *Wie kann ich aufhören, mich gegen Angriffe zu wehren?*

Das sind wichtige Fragen. Nehmen Sie sich für die Antworten so viel Zeit, wie Sie brauchen, um sich mit ihnen gründlich zu beschäftigen. Tun Sie das so lange, bis Sie das Gefühl haben, eine stimmige Idee davon entwickelt zu haben, worum es für Sie geht und wie Sie für sich sorgen können, ohne Ihren Partner oder Ihre Partnerin dabei abzuwerten.

Matthias fühlt sich von den obigen Fragen sehr berührt. Sie regen ihn dazu an, mit Carina über einige Aspekte seiner Biografie und seiner Persönlichkeit zu sprechen, die er bisher nicht mit der aktuellen Krise in ihrer Partnerschaft in Zusammenhang gebracht hat. Ihm wird z. B. bewusst, dass er die Angewohnheit entwickelt hat, sich enorm anzustrengen, um die (vermeintlichen) Erwartungen seiner Mitmenschen zu erfüllen und nicht unangenehm aufzufallen. Diese Angewohnheit führt er auf die Strenge und die hohen Erwartungen seines Vaters zurück. Matthias und Carina geraten z. B. oft in Streit, wenn sie gemeinsame Verabredungen mit anderen haben. Matthias achtet darauf, mindestens zehn Minuten früher vor Ort zu sein, um eine Verspätung durch unvorhersehbare Ereignisse auszuschließen. Kommt Carina erst fünf Minuten früher an, ist er schon sehr nervös, reagiert wütend und macht ihr Vorwürfe.

Unter diesen Vorwürfen leidet Carina. Sie empfindet sie als ungerecht und ungerechtfertigt. Sie fühlt sich von Matthias in solchen Augenblicken stark herabgesetzt, obwohl sie pünktlich ist. Zu hören, unter welchem Druck er in solchen Situationen steht, hilft ihr, sein Verhalten einzuordnen. Sie weiß nun, dass seine Wut eigentlich kaum etwas mit ihr persönlich zu tun hat. Sie nimmt sich vor, in der nächsten ähnlichen Situation weniger emotional auf die Verletzung einzusteigen, oder, anders gesagt, sich mehr von Matthias' Anspannung abzugrenzen.

Wie bleibe ich bei mir und zugleich in einem liebevollen Kontakt?

Bleiben Sie in Pattsituationen trotzdem im liebevollen Kontakt mit Ihrer Partnerin oder Ihrem Partner. Bringen Sie immer wieder Ihre Wünsche vor und teilen Sie möglichst ehrlich und vollständig Ihre Gefühle mit. Sprechen Sie über sich statt über Ihr Gegenüber. Wenn er oder sie Ihnen Vorwürfe macht oder Sie abwertet, schweigen Sie. Steigen Sie auf Streitangebote nicht ein und bleiben Sie in liebevoller Verbindung. Dabei können Zwiegespräche unterstützend sein. Für den Fall, dass Sie und Ihr Partner oder Ihre Partnerin sich darauf verständigen, regelmäßig, am besten wöchentlich, solche regelbasierten Gespräche zu führen und sich auch konsequent an deren Vorgaben zu halten, erhöht das die Chance erheblich, einen liebevolleren Kommunikationsstil zu entwickeln. Es ist nachfolgend mithin wahrscheinlich, dass die achtsame Kommunikation des Zwiegesprächs auf die Alltagsgespräche abfärbt beziehungsweise in diese übergeht.

Es fällt Carina nicht leicht, sich einzugestehen, dass die Vorstellung, kein weiteres Kind zu bekommen, für sie mit einem Gefühl von Leere verbunden ist. Ein zweites Kind würde sie ausfüllen, sie wüsste zu jeder Zeit, was sie zu tun hat, und müsste sich keine Gedanken darüber machen, wie sie ihren beruflichen Alltag zufriedenstellender gestalten kann. Es kostet sie viel Überwindung, diese Gedanken Matthias gegenüber auszusprechen. In ihr sträubt sich etwas dagegen, sich zu überlegen, ob sie ihrer Sehnsucht nach menschlicher Verbundenheit vielleicht im beruflichen Kontext nachgehen könnte. Dabei arbeitet sie in einem sozialen Beruf, und ihr wird nun klar, dass sie diesen Beruf schon aus dem Bedürfnis heraus gewählt hat, Menschen in ihrer sozialen Entwicklung zu unterstützen. In den letzten Jahren hatte sie ihre Aufmerksamkeit aber auf Aspekte ihrer Arbeitsstelle konzentriert, die sie als hinderlich bewertet, statt zu überlegen, wie sie die gegebenen Bedingungen optimal nutzen und möglicherweise auch aktiv verbessern kann. Sie überlegt, ob sie sich möglicherweise lange nicht zugetraut hat, am Arbeitsplatz selbstbewusst genug aufzutreten und mehr Verantwortung zu übernehmen.

Während Carina in dieser Weise über sich und ihre Hoffnungen und Ängste spricht, verbessert sich die Qualität ihrer Kommunikation mit Matthias zusehends. Wiederholt gibt er ihr zu verstehen, ihre Beschreibungen nachvollziehen zu können. Zugleich sagt er ihr, dass er sie beruflich für sehr kompetent hält und ihr zutraut, im Job positive Veränderungen anzustoßen. Von Matthias ermutigende Rückmeldungen statt der gewohnten, oft harschen, Kritik zu bekommen ist neu für Carina, und sie genießt das sehr.

Matthias stellt im Verlauf seiner Selbstreflexion seinerseits fest, sich bisher stark an Carinas Wünschen orientiert und dabei manchmal eigene Grenzen überschritten zu haben. Das erinnert ihn daran, wie er als Kind widerspruchslos die Wünsche seiner Eltern, vor allem seiner Mutter erfüllt hat. »Da gab es für mich gar keinen Spielraum«, sagt er. Dieses Verhaltensmuster hat er bis heute beibehalten. Nun spürt er deutlich, dieses verändern zu wollen, er weiß nur noch nicht, wie.

Mein Gegenüber muss meine Entwicklung nicht mögen

»Erst habe ich der Anschaffung einer Katze zugestimmt, obwohl ich eigentlich keine Haustiere haben wollte. Dann wolltest du unbedingt noch einen Hund, und ich habe dir zuliebe Ja gesagt. Mit der Entscheidung für ein Kind habe ich mich zuerst auch schwergetan, weil ich mich beruflich so stark gefordert fühlte und Angst hatte vor der Verantwortung. Jetzt bin ich sehr froh, dass wir unseren Sohn haben. Ich mag unser Leben, wie es jetzt ist. Ich finde aber auch, dass wir beide oft gestresst sind. Und ich befürchte, dass wir mit einem zweiten Kind noch gestresster wären und das Schöne, das wir jetzt haben, kaputt wäre. Ich bitte dich, meine Sorgen diesmal ernst zu nehmen.«

So versucht Matthias, seine eigenen Bedürfnisse zu vertreten und gleichzeitig in einem liebevollen Kontakt mit Carina zu sein. Dabei wird ihm seine bisherige Neigung bewusst, Carinas Wünschen nachzugeben, um ihr deshalb anschließend zu grollen und sie herabzusetzen.

Verzichten Sie auf den Wunsch, Ihre Partnerin oder Ihr Partner möge Ihre neue Entwicklung gutheißen. Bleiben Sie beharrlich, auch wenn es ihm oder ihr im Moment nicht gefällt. Vermeiden Sie dabei unbedingt Streit, Vorwürfe, Rückzug und Rechtfertigungen. Jede machtvolle Geste, Handlung, Strafaktion und jedes böse Wort verlängern Ihren Weg zu einer liebevolleren Partnerschaft.

Carina freut sich einerseits darüber, dass Matthias sie immer seltener kritisiert. Andererseits hat sie den Eindruck, die Hürde zu einem zweiten Kind würde noch höher gesetzt. Der zentrale Konflikt spitzt sich aus ihrer Sicht also noch mehr zu, was ihr überhaupt nicht gefällt. Sie hat das Gefühl, bei Matthias auf Granit zu beißen. Das ist neu und beunruhigt sie zutiefst. Es verwirrt sie, Matthias liebevoll zu erleben und zugleich eine deutliche Grenze bei ihm zu spüren.

Jetzt ist aktives Zuhören gefragt

Hören Sie Ihrer Partnerin oder Ihrem Partner zu! Bitten Sie sie oder ihn darum, absolut offen sämtliche Ansichten, Einstellungen und Gefühle zu äußern, während Sie still und ganz Ohr sind. Hören Sie zu, spüren Sie dabei bewusst Ihren Atem und sagen Sie nichts. Üben Sie sich darin zu schweigen, Ihr Herz in Stille zu bringen und mit Ihrer ganzen Aufmerksamkeit bei der anderen Person zu sein.

So sehr Matthias' Nein sie auch provoziert, so neugierig ist Carina doch auch angesichts der an ihm bemerkten Veränderung, was in Matthias vorgeht. Sie bittet ihn daher wiederholt, ihr zu erklären, was ihn bewegt.

Im Verlauf ihrer Zwiegespräche, die Carina helfen, aufmerksam zuzuhören, merkt Matthias, dass hinter seinem Unbehagen beim Gedanken an ein zweites Kind auch sehr konkrete Sorgen und Ängste stehen. Er fühlt sich mit der Familie und seinem Beruf schon jetzt an der Grenze der Belastbarkeit. Auch Carina ist seinem Eindruck nach manchmal überfordert mit der Doppelbelastung durch Kind und Berufstätigkeit. Ein weiteres Kind würde seiner Einschätzung nach von Carina erfordern, sich über eine längere Zeit ausschließlich um die Kinder zu kümmern. Das brächte für die Familie aber ein finanzielles Risiko mit sich, zumal Matthias selbstständig ist und sein Einkommen schwankt. Die Sorgen um die finanzielle Versorgung sind Matthias deutlich anzumerken.

Beim Zuhören wird sich Carina bewusst, dass Matthias nicht aus egoistischen Motiven oder Sturheit heraus Bedenken bezüglich eines zweiten Kindes vorbringt, sondern aus Verantwortungsbewusstsein. Sie versteht jetzt, dass seine Gedanken realitätsbezogen sind und sie selbst die Verantwortung für finanzielle und organisatorische Aspekte verdrängt und an ihn delegiert hat. Während Carina beginnt, sich die Belastungen, die ein zweites Kind mit sich bringen würde, vor Augen zu führen, nimmt das Gespräch zwischen ihr und Matthias einen weniger konfrontativen und stärker realitätsbezogenen, lösungsorientierten Charakter an. Carina bedankt sich bei Matthias, so gewissenhaft über die finanzielle Versorgung der Familie nachzudenken.

Tägliches Glück

Um sich aus der quälenden Pattsituation befreien zu können, ist es entscheidend, dass Sie, lieber Leser, liebe Leserin, Ihren Fokus mehr auf sich selbst als auf Ihren Partner oder Ihre Partnerin richten. Setzen Sie sich aktiv mit Ihrem eigenen Glück, Ihrer persönlichen Entwicklung, Ihren Wünschen und Ihren Bedürfnissen auseinander. Nehmen Sie sich Zeit und Muße, um zu sich zu kommen. Ich schlage vor, dass Sie sich vornehmen, sich selbst jeden Tag etwas Gutes zu tun. Finden Sie täglich kleine Lösungen für sich, um Ihren persönlichen Bedürfnissen gerecht zu werden.

Carina kommt z. B. auf die Idee, sich beruflich umzuorientieren. Es macht ihr viel Freude, sich über Ausbildungs- und Umschulungsmöglichkeiten zu informieren und sich auszumalen, sich auf diesem Wege in Zukunft vielleicht mehr mit Kindern zu beschäftigen. Matthias geht einen anderen Weg, indem er sich mit der Frage auseinandersetzt, ob seine Vorstellung, nur eine begrenzte Menge Liebe geben zu können, der Realität entspricht. Ihm macht es in dieser Zeit Spaß, Zeit mit anderen Familien zu verbringen, die mehrere Kinder haben.

Es gibt zwar kein halbes Kind, kein halbes Haus, keinen halben Umzug oder worin auch immer der zentrale Konflikt in Ihrer Liebesbeziehung sich momentan dreht. Womöglich gibt es aber einen mittleren Weg zwischen der Entscheidung für ein Kind, ein Haus oder einen Umzug und der Entscheidung dagegen. Wenn Sie z. B. von einem Haus mit Garten träumen, die Verwirklichung dieses Traums im Rahmen Ihrer bestehenden Partnerschaft aber unwahrscheinlich erscheint, finden Sie vielleicht andere Möglichkeiten, sich wohnlich zu verändern oder zu gärtnern.

Die mögliche Lösung besteht darin, zu schauen, wie die Hoffnungen, Sehnsüchte und Bedürfnisse, die mit dem konfliktträchtigen Thema verbunden sind, sich auf einem anderen Weg als durch die Verwirklichung der fraglichen Idee erfüllen lassen. Es fällt niemandem leicht, intensiv empfundene Wünsche oder Sehnsüchte und Vorstellungen zu hinterfragen. Das ist emotionale Schwerstarbeit! Seien Sie also fürsorglich mit sich selbst, nehmen Sie sich Zeit und rechnen Sie mit unangenehmen Gefühlen.

In den Zwiegesprächen mit Matthias, in denen die Fronten zwischen den Partner:innen zunehmend aufweichen, wird Carina bewusst, wie sehr sie sich in den vergangenen Jahren auf die Verfolgung des Themas Familie fixiert und dabei ihre individuellen Interessen vernachlässigt hat. Sowohl ihre sportlichen Aktivitäten als auch andere Hobbys hat sie nach und nach vollständig aufgegeben. Gleichzeitig hat sie ihre eigene Unzufriedenheit Stück für Stück Matthias angelastet. Diese Erkenntnis macht sie traurig, ist kurz darauf aber befreiend für sie. Sie schlägt Matthias vor, dass sie das Thema eines weiteren Kindes zurückstellen und sich Zeit nehmen, die momentane, recht eingespielte familiäre Situation zu genießen. Matthias nimmt den Vorschlag erleichtert an.

Carina beginnt, sich wieder mehr um sich selbst zu kümmern. Als Erstes verabredet sie sich mit Freundinnen, die sie lange vernachlässigt hat. Außerdem meldet sie sich wieder für einen Sportkurs an. Bald fühlt sie sich auch zufriedener in ihrem Körper, was ihre Stimmung zusätzlich hebt. Dennoch bekennt sie Matthias in einem Zwiegespräch, dass die Vorstellung, kein zweites Kind zu bekommen, nach wie vor eine große Traurigkeit in ihr auslöst.

Matthias freut sich, zu sehen, wie Carina besser für sich sorgt und selbstbewusster wirkt. Er seinerseits bemüht sich, seine Strenge mit sich selbst und auch mit Carina zu beobachten. Wenn er seine Versagensängste aufkommen spürt, er nervös wird und im Begriff ist, Carina zu kritisieren, bemüht er sich aktiv darum, sich zu entspannen, indem er sich die reale Situation vergegenwärtigt. Dabei wird ihm bewusst: Diese sind selten wirklich bedrohlich. Er erzählt Carina zum ersten Mal ausführlich von der psychischen Erkrankung seiner Mutter und dem Fremdgehen seines Vaters und was das für ihn als Kind bedeutet hat. Matthias erkennt, dass er in seiner Kindheit materiell alles hatte, was er brauchte, in der Familie aber eine emotionale Kargheit herrschte und seine Eltern nicht in der Lage gewesen wären, für ein zweites Kind emotional da zu sein. Das ist auch der Grund, warum er befürchtet, für ein weiteres Kind nicht genug Liebe zu haben.

Beim Zuhören empfindet Carina viel Mitgefühl und ihr Verständnis für Matthias vertieft sich. Sie erstellt eine Liste mit Vorkehrungen, die sie und Matthias aus ihrer Sicht treffen könnten, um Matthias' Befürchtungen im Zusammenhang mit einem zweiten Kind vorzubeugen. Sie schlägt etwa vor, zu einer Arbeitsstelle zu wechseln, die mit mehr zeitlicher Flexibilität und weniger Überstunden und keinen Wochenenddiensten verbunden ist.

Mit der Zeit erscheint Matthias ein zweites Kind machbarer, während Carina immer wieder traurig ist und sich mit der Vorstellung auseinandersetzt, sich von der Idee eines weiteren Kindes verabschieden zu müssen. So stellen sich beide ihren persönlichen Sehnsüchten und Ängsten und hinterfragen ihre bisherigen Vorstellungen davon, wie sie diesen gerecht werden wollen. Carina glaubt zwar weiterhin, im Gegensatz zu Matthias, mit einem zweiten Kind käme mehr Liebe in ihr Leben. Aber sie hinterfragt inzwischen ihre starke Konzentration auf die Familie und die Vernachlässigung ihrer persönlichen Interessen.

Ich bin nicht das Problem

Machen Sie sich bewusst, dass die Pattsituation auch für Ihre Partnerin oder Ihren Partner belastend ist und er oder sie sich vermutlich gleichermaßen in einer Sackgasse fühlt. Bemühen Sie sich darum, gut zuzuhören. Das aussprechen zu können, was uns beschäftigt, ohne sofort eine Reaktion zu bekommen, auf die wir dann wieder reagieren müssen, eröffnet einen Raum, in dem psychische Barrieren bröckeln können, weil wir uns verstanden und akzeptiert fühlen – auch mit dem, was für die andere Person unbequem ist. Versuchen Sie gezielt, das, was Ihnen momentan an Ihrem Partner oder Ihrer Partnerin nicht gefällt, nicht zu bewerten und nicht persönlich zu nehmen.

Nach einiger Zeit teilt Matthias Carina mit, für ein zweites Kind bereit zu sein. Zugleich bittet er sie, tatsächlich ihre Arbeitsstelle zu wechseln, da sie sich bei ihrer gegenwärtigen Tätigkeit nicht nur zeitlich, sondern auch emotional überlastet fühlt. Das tut Carina daraufhin auch, und einige Monate später ist sie schwanger. Das erste Jahr nach der Geburt des zweiten Kindes ist sehr herausfordernd für das Paar. Die Eltern bekommen wenig Schlaf, und Carina geht nach neun Monaten aus finanziellen Gründen wieder arbeiten. Für ihre Liebesbeziehung gibt es wenig Zeit und Kraft. Insofern bestätigen sich Matthias' Befürchtungen zum Teil. Seine Sorge, dass er für das zweite Kind nicht genug Liebe empfinden könnte, bewahrheitet sich hingegen nicht. Sobald der Junge abgestillt ist, entwickelt sich zwischen ihm und seinem zweiten Sohn eine innige Beziehung. Und Matthias' Partnerin? Carina hat viel Freude an der Verbundenheit in der Familie, insbesondere an der zwischen den Geschwistern. Um ihre Verbundenheit als Paar müssen die beiden sich aber wieder aktiv bemühen.

Vielleicht hat die Haltung meines Gegenübers nichts mit mir zu tun

Ich möchte Ihnen zum Schluss dieses Kapitels ein Gedankenexperiment vorschlagen. Stellen Sie sich vor, die Haltung Ihrer Partnerin oder Ihres Partners zu Ihrem Streitpunkt habe nichts mit Ihnen zu tun.

Ich kann mich z. B. gut daran erinnern, dass der Wunsch, eine Familie zu gründen, bei mir früher aufkam als bei meinem Mann. Spontan habe ich es als kränkend empfunden, als er nicht jubelte, als ich das Thema auf den Tisch brachte. Wir gerieten dann auch in einige konfrontative Gespräche, die mich einigermaßen verzweifeln ließen, weil ich den Eindruck hatte, mich zwischen der Beziehung mit ihm und meinem Traum von einer eigenen Familie entscheiden zu müssen. Schließlich verstand ich, dass sich sein Widerstand nicht gegen mich als Person richtete. Es brauchte einige ausführliche Gespräche, bis ihm selbst und mir klar wurde, welche Bedingungen mein Mann brauchte, um sich auf das Abenteuer Familie einlassen und dabei ruhig schlafen zu können. Wir befanden uns beide gerade im Übergang vom Studium in den Beruf, und er wollte mit der Familiengründung noch abwarten, bis wir uns beruflich einigermaßen etabliert hatten. Letztlich fanden wir einen Weg, sowohl seinen als auch meinen Bedürfnissen gerecht zu werden, indem wir mit dem ersten Kind warteten, bis wir beide beruflich

Fuß gefasst hatten. Für mich war diese Wartezeit nicht leicht, weil meine biologische Uhr ordentlich dröhnte, aber rückblickend bin ich froh, dass ich den Einstieg ins Berufsleben nicht gleichzeitig mit dem Mutterwerden bewältigen musste. Wäre mein Mann aber zu der Entscheidung gekommen, grundsätzlich keine eigenen Kinder haben zu wollen, hätte ich mich vermutlich von ihm getrennt.

Wie fühlt es sich an, wenn Sie sich vorstellen, das Sträuben Ihres Gegenübers richte sich nicht gegen Sie? Es ist sehr gut möglich, dass der Widerstand gegen Ihren Wunsch überhaupt nichts mit Ihnen zu tun hat, sondern mit den persönlichen Erfahrungen Ihres Partners beziehungsweise Ihrer Partnerin. Hören Sie wirklich gut zu und bemühen Sie sich darum, sich von dem Anderssein der anderen Person nicht angegriffen zu fühlen. Das ist nicht leicht. Lösen Sie sich von der Vorstellung, dass die oder der andere das Problem sei.

Helge und Ruth sind ein ungewollt kinderloses Paar Anfang vierzig. Während Helge seit Jahren in dem gleichen Betrieb arbeitet und seinen Beruf gern ausübt, ist Ruth mit ihrer beruflichen Tätigkeit unzufrieden und wechselt wiederholt ihre Arbeitsstelle. Vor allem Ruth wünscht sich sehnlichst ein Kind, und schließlich entscheidet sich das Paar für eine Kinderwunschbehandlung. Diese verläuft erfolglos. In dieser Zeit verstärkt sich bei Ruth ihr lang gehegter Wunsch, eine Zeit lang im Ausland zu leben. Mit dem Land ihrer Träume verbindet sie verlockende Vorstellungen von einem entspannten, stressfreien Leben. Helge kann sich mit dieser Idee aber gar nicht anfreunden. Er will kein Leben ohne seine Familie, seine Freunde und seinen Beruf.

Dieser Konflikt führt zu heftigen Kontroversen zwischen Ruth und Helge. Ruth kommt es so vor, als würde Helge mit seiner Weigerung ihren Lebenstraum zerstören, und sie wirft ihm vor, feige zu sein. Helge hat dagegen den Eindruck, dass Ruth ihm die Pistole auf die Brust setzt, sein Leben, das er mag, wegzuwerfen für einen paradiesischen Traum, der ihm unrealistisch erscheint. Er hält ihr vor, vor der Realität zu fliehen. In dieser Situation stellt das Paar seine Beziehung ernsthaft infrage. Das Blatt wendet sich erst, als Ruth sich ernsthaft mit ihrem persönlichen Leidensdruck auseinandersetzt und sich für ein Sabbatical entscheidet, um ihre berufliche Entwicklung zu überdenken. Kurze Zeit später wird sie auf natürlichem Weg schwanger. Die Elternzeit nutzen Helge und Ruth anschließend, um als Familie drei Monate an Ruths Lieblingsort zu verbringen.

Was haben die Geschichten von Helge und Ruth und von Carina und Matthias mit Ihnen zu tun? Sie sollen zeigen: Es gibt Wege aus dem Patt. Es kann sein, dass Sie mit Ihrem Partner oder Ihrer Partnerin nicht so leben können, wie Sie wollen. Und es kann sein, dass es sich im Moment nur so anfühlt, weil die Art der Kommunikation in Ihrer Partnerschaft Fronten aufgebaut hat. Wenn Sie sich für die Thematik, die in Ihnen liegt und Ihre ganze Aufmerksamkeit fordert, öffnen, ist es sehr wahrscheinlich, alternative Wege, Lösungen und Perspektiven zu erkennen. Einen Versuch ist es wert.

Um über die Verliebtheitsphase hinaus immer wieder einen liebevollen Kontakt in der Paarbeziehung herzustellen, braucht es aktives Engagement von beiden Beteiligten, viele Gespräche, bewusste Selbstbeobachtung und gezielte Verhaltensänderung. Das alles dauert eine Weile und erfordert Geduld. Das Schöne an dieser Herausforderung ist, dass Sie selbst an ihr wachsen, wenn Sie sie annehmen, und Ihre Liebesbeziehung vielleicht auch. Auf diesem Weg bringen Sie jeden Tag etwas mehr Liebe in die Welt, das ist sicher.

Anleitung für Zwiegespräche

- *Sie vereinbaren einen festen Termin sowie einen Ausweichtermin von anderthalb Stunden pro Woche. Dabei ist es wichtig, dass dafür keiner von beiden auf etwas verzichten muss und dass Sie möglichst sicher sein können, nicht gestört zu werden.*
- *Behalten Sie die Zeit im Auge und setzen Sie sich einander gegenüber. (Manche Paare führen das Zwiegespräch gern während eines Spaziergangs.)*
- *Wer gerade an der Reihe ist, nimmt wahr, was sie/ihn gerade bewegt – sei es bezüglich der Paarbeziehung oder anderer Lebensbereiche. Sie entscheiden, was Sie davon mitteilen möchten, und tun das in der Ich-Form, d. h.: Sie beide sprechen ausschließlich von sich.*
- *Wer gerade zuhört, hört nur zu und lässt das Gesagte auf sich wirken. Bemühen Sie sich darum, die Selbstäußerungen Ihrer Partnerin/Ihres Partners auch mimisch nicht zu kommentieren – das wäre eine Unterbrechung!*
- *Es muss nicht gesprochen, sondern darf auch geschwiegen werden.*
- *Nach einer Viertelstunde werden jeweils die Rollen getauscht. Fassen Sie zunächst kurz zusammen, was Sie vom Gesagten verstanden haben.*
- *Wenn Sie sich auf vorher Gesagtes beziehen, beschreiben Sie, was es bei Ihnen ausgelöst hat.*
- *Beginnen Sie das Zwiegespräch pünktlich und hören Sie pünktlich auf. Verlängern und verkürzen Sie die Zwiegespräche nicht.*
- *Ergänzen Sie Ihre Aussagen, wenn möglich, mit konkreten Erlebnissen.*

- Führen Sie das Zwiegespräch regelmäßig einmal wöchentlich. Das hilft, den inneren Dialog mit sich selbst (Was ist wesentlich für mich?) sowie den Dialog mit der Partnerin/dem Partner (Was ist wesentlich zwischen uns?) zu entwickeln und aufrechtzuerhalten.
- Falls es Ihnen sehr lang erscheint, jeweils 15 Minuten am Stück von sich zu sprechen, können Sie mit jeweils 5 Minuten anfangen, in einem der nächsten Zwiegespräche zu 10 Minuten und schließlich zu 15 Minuten übergehen. Ich empfehle dringend, die 15-Minuten-Taktung anzustreben, da sie sich bewährt hat und viel Sinn macht.

Dank

Zuallererst möchte ich den Menschen danken, die ich auf ihrer Suche nach einem liebevolleren Miteinander begleiten durfte. Es berührt mich immer wieder, Zeugin zu werden von der Sehnsucht der Menschen nach liebevollen Begegnungen und den vorsichtigen Versuchen von Einzelnen, sich aus ihrer Deckung zu wagen und sich so zu zeigen, wie sie wirklich sind. Dieses Buch beruht vor allem auf den Erfahrungen, die ich in diesen Prozessen gesammelt habe.

Meinem lieben Mann Dietmar Pokoyski danke ich für seine Unterstützung und Ermutigung beim Schreiben und seine Unbeirrbarkeit auf unserem Weg als Paar. Auch ich ziehe mich nämlich immer wieder ruckartig in mein Schneckenhaus zurück, wenn ich mich verletzt fühle, und er lockt mich immer wieder heraus.

Auch von unseren Kindern Timm und Lara Linn habe ich viel darüber gelernt, was Liebe bedeutet, und ich bin zutiefst dankbar dafür, dass es euch gibt.

Nicht zuletzt haben meine lieben Freunde Christian und Stephan mit ihrer Herzenswärme, ihrem Zuspruch und auch konstruktiver Kritik zu diesem Buch beigetragen.

Imke Heuer vom Verlag Vandenhoeck & Ruprecht möchte ich herzlich danken für ihre stets klugen und bereichernden Hinweise, die sehr zum Gelingen dieses Buches beigetragen haben.

Anmerkungen

1   Michael Lukas Moeller (1988). Die Wahrheit beginnt zu
    zweit. Das Paar im Gespräch. Reinbek bei Hamburg:
    Rowohlt.

2   Hilarion Gottfried Petzold (1993). Integrative Therapie.
    Paderborn: Junfermann.